學編輯思考

激發自我才能、學習用新角度看世界，精準企畫的10種武器

才能をひらく編集工学：世界の見方を変える10の思考法

安藤昭子（Akiko ANDO）｜著
許郁文｜譯

自由學習 37

向編輯學思考：

激發自我才能、學習用新角度看世界，精準企畫的10種武器

作　　者 —— 安藤昭子（Akiko ANDO）
譯　　者 —— 許郁文
企畫選書 —— 文及元
責任編輯 —— 文及元
封面設計 —— 黃維君
內文排版 —— 薛美惠
行銷業務 —— 劉順眾、顏宏紋、李君宜

總 編 輯 —— 林博華
發 行 人 —— 涂玉雲
出　　版 —— 經濟新潮社
104台北市民生東路二段141號5樓
電話：(02)2500-7696 傳真：(02)2500-1955
經濟新潮社部落格：http://ecocite.pixnet.net

發　　行 —— 英屬蓋曼群島商家庭傳媒股份有限公司城邦分公司
台北市中山區民生東路二段141號11樓
客服服務專線：02-25007718；25007719
24小時傳真專線：02-25001990；25001991
服務時間：週一至週五上午09:30-12:00；下午13:30-17:00
畫撥帳號：19863813；戶名：書虫股份有限公司
讀者服務信箱：service@readingclub.com.tw

香港發行所 —— 城邦（香港）出版集團有限公司
香港灣仔駱克道193號東超商業中心1樓
電話：25086231 傳真：25789337
E-mail: hkcite@biznetvigator.com

馬新發行所 —— 城邦（馬新）出版集團 Cite(M) Sdn. Bhd. (458372 U)
41, Jalan Radin Anum, Bandar Baru Sri Petaling,
57000 Kuala Lumpur, Malaysia.
電話：(603) 90578822 傳真：(603) 90576622
E-mail: cite@cite.com.my

印　　刷 —— 漾格科技股份有限公司
初版一刷 —— 2022年5月3日
ISBN：9786269574742、9786269574766(EPUB)

定價：450 元　　Printed in Taiwan

【推薦序】不是編輯也應該習得的編輯學

文／陳夏民

我曾經著迷於收納與整理，契機是我無法忍受工作室被書蠶食鯨吞。

每天打開門，眼前所見是滿滿的書，就算經過整理仍然在視覺上產生某種壓迫感，更不用提我甚至必須添購數張書櫃來安放多半不曾翻閱過的書。有一天，我看著這些書本，忽然覺得受夠了。於是，我花了一年多的時間重新收拾打理，把庫存送往專業的出版倉庫，不會用到的舊書則是打包出去。眼見空間裡的書本漸少，竟也揭露了當初我買這一間老公寓，並將之改造成出版社基地的初心：這是專屬於我的，內容產出的聖殿！

後來，我也把收納的念頭放在其他生活物件之中，無論是冰箱、倉庫、抽屜或是機車車廂，全部都是我的目標物。我瘋狂整理，火力全開地篩選、保留、丟棄。有一天，我仔細整理皮夾的內容物，從中挑出了許多過期證件、店家早已倒閉的會員卡，緩慢檢視這些莫名其妙、不知道為什麼會放在皮夾的「沒有用的」垃圾，我才發現自己正在體現**最實際的編輯知識運用之道：評斷一件物事此時此刻的價值，並進行篩選。**

許多人誤以為編輯只是一個職稱，殊不知編輯其實是一種思考的技能。後來，我把運用編輯技術的經驗寫成《讓你咻咻咻的人生編輯術》一書，算是一種野人獻曝，希望能夠讓更多人理解，並從中學會如何編輯自己的人生。

多年後，我有機會搶先閱讀安藤昭子女士的《向編輯學思考》，在其充滿理性的文字敘述下，意外覺得親切，因為她與我一樣相信編輯的最重要價值，在於協助他者擁有看待世界的全新視角，並促成溝通。

師承創辦ＩＳＩＳ編輯學校的知名編輯松岡正剛，安藤昭子女士以完整的架構與生活化的各式案例，深入淺出介紹了「編輯工學」的理論與實踐。一方面**協助讀者釐清事物的「本質」、思考如何重新「定義」該事物，最後再透過有效的「說故事」技法，讓原本老舊的想法得以突破限制，與目標受眾達到有效的溝通——這樣的過程，其實也是每一個想要發揮創意的內容生產者，所必須修練的重要基本功。**

對於內容創作者而言，無論使用哪種創作媒材，這一本書應該都能夠擔任創意教練的角色。而貫穿全書的「留白」、「忘卻所學」與「故事原型」（英雄傳說）等概念，則有助於創作者調整作品的深度與效度，創造出能夠邀請受眾投射自身想像與經驗、進而提升彼此互動的作品。書中也提及許多日本美學的概念，闡述了「物之哀」和其他幽微的藝術手法，相信這也會是有志於創作的新手創作者，在閱讀過程中的重要收穫。

《向編輯學思考》的原文書名「才能をひらく編集工学：世界の見方を変える10の思考法」（按：直譯為「啟發才能的編輯工學：改變觀看世界的10種思考法」），暗示了作者最大的目標，便是協助讀者挖掘自身才能，使其甩掉原有的思考方式，習得觀看世界的全新視角。對於身處海量資訊的當代人而言，安藤昭子女士所提供的編輯工學理論，也能夠協助我們判讀、挑選對自身有用的訊息，並且透過「篩選」這一項編輯基本功，去優化生活與工作的品質，同時刺激思考與想像力，以更靈活的視野看待生活當中的重複與無趣。

這並不是一本職場經驗小品文集，而是一本有著系統架構、方便閱讀、吸收的學習書，我會建議初階讀者放慢閱讀腳步，隨著作者的筆觸逐步探索、思考，如果有時間請務必試著回答書中的例題。相信讀完這一本書，你也上完一堂知識滿滿的編輯學。

安藤昭子女士在書末提到了「世界是彼此連結」的概念，這或許也是每一個編輯所盼望的：多麼期待**每一個人都能學會「編輯」的思考方式，去觀察、理解變動中的世界，讓想像力與他人（甚至與自己）達成更有效的溝通，讓這一個世界毫不無聊，永遠有新意，**

不致因無效的溝通浪費彼此太多心神，甚至產生怨懟。

我深信，習得「編輯」這項學問，一定能夠改變自己、他人與這個世界。

此刻，我想邀請你展開書頁，一同加入這一堂編輯學。

本文作者為逗點文創結社總編輯

【推薦序】編輯，果然是門開啟人類想像力的科學

文／陳頤華

所謂的編輯，在台灣，是一門與文字和文化搏鬥的職業。字面上的意思，是將文字編纂彙整後集結成冊，在紙本市場式微的夕陽產業中，多年前文字工作者甚至被喻為是薪資不高的「理想型」產業。時至今日，市場有了微妙的轉變，編輯不再是稿紙前面的書寫者，它可以是風格定義者、可以是文化書寫者，也可以是內容發起者，這都要感謝看似傳統編輯產業的對手——「網路世代」的降臨；彷彿站在天平的兩端，碎片化的網路世界，人人都能在浩瀚的資訊大海中，找到自己想要的「材料」，運用不同媒介組合成自己感興趣的「觀點」，其實每個人早已在探索訊息的重組過程中，重新用「編輯法則」檢視這世界。

有趣的是，即使編輯成為了思考的概要，還是有許多人對於「編輯」抱持著文組思維的觀念。伴隨著台灣學習制度，升學過程中將人們分為理組與文組，彷彿對文字有感的右腦人，就會對數理遲鈍；而理性的科學左腦對感性創造力就不那麼上手（以上引用於刻板印象，不代表所有文理組的人生發展）。但《向編輯學思考》一書爽快地打破此框架，大

膽地將編輯與科學交融成為一門學問，推出「編輯工學」概念，甚至建構起「編輯工學研究所」，這是研究發起人，同時身為所長的松岡正剛先生早在三十年前於日本創立的學習場域，主張所有事物都能以編輯串連，將龐大且凌亂的資訊收整成建構社會模樣的鑰匙，而這就是能檢視過去並創造未來的編輯力。

來自日本的「編輯工學」，同時將左腦與右腦的通道打開，用科學法則替代有哲學思維創造力有條理地彙整成一部寶典，讓「編輯」有所依據，這點對於「研究精神」十足的日本來說，早了台灣三十年也是剛好而已。日本的文化之所以深耕於世界，來自對事物探究的民族性；點開本書源起的「ＩＳＩＳ編輯學校」網頁，「編輯」是科學的一部分，專研學習的人不只是學生，更有許多創業者、醫生、藝術家等，橫跨各年齡層在此探究編輯工學背後的價值。記得多年前在日本採訪，就曾看到書店中對於「編輯」開設特別專區，從如何開編輯會議到編輯如何開發創意等內容，超過數百本出版品深入剖析，讓編輯成為共同的討論方法，透過不同載體表現於世人眼前，就像松岡正剛先生的科學邏輯思維，也能成為編輯者的重要依據，我想這就是日本的創造力之所以永遠吸引著人們關注的理由，那就是掌握了編輯世界的密碼。

就像是解開生命之謎，松岡正剛曾說，「編輯工學的對手是廣義上的資訊。」人們被編寫過的資訊，小至DNA，大至語言、歷史、社會，以及對宇宙前進的技術，都是編輯資訊後所掀起的漣漪，只是這些編輯對象，可能是符碼、是文字、是程式、是生活型態，更是人類意志。就像書中最初就提到一切從「編輯」開始，所謂的編輯工學就是將屬於素材的「才」，與工匠技術的「能」，交互成每個專業人士的「才能」。十分欣賞本書透過編輯將才能比喻為能善用資源的職人精神，開發大腦潛能，讓「編輯力成為發現關聯性的能力」推進著每個發掘自我與探究世界的人們，能成就一位富饒風格的作家、發現新事物的科學家、帶領團隊開創顛峰的創業者，或是在工作崗位上發光發熱的上班族、用對技巧吸引客人上門的巷口麵店老闆、帶著孩子一起學習閱讀的父母……等，光是成就一個人的價值，「編輯」的學問，就足以振奮人心。

《向編輯學思考》集結「編輯工學」研究之大成，不僅完美示範編輯力如何系統化地彙整知識，更提供讀者大量「腦內訓練」的紙上學習機會，宛如將多年來的ISIS編輯學校課程，高效濃縮與本書之中。透過十項法則，帶領人們善用「音段化」、「洞察力」、「新世代結合術」等方式，拆解資訊、重組知識，以不同角度觀察事物，打破過往架構，活用框架帶來的變化，讓人們能站在過往經驗上，以編輯開創新的思維。比起教條式的說明，每個法則都可讓讀者跟著自主練習，以提問方式化身為大腦思考的訓練導師，一步步讓每個人身上的「編輯力」就此覺醒；而這些編輯過程的鍛鍊，沒有標準答案，而是隨著書中的提問，在每個階段找到自己探究世界的不同切角，重組思維後，發展出新的可能，如同書中提到：「編輯」並非知識，而是「體驗」，慶幸閱讀此書的人，都能有機會體驗這趟讓自己踏上挖掘各種價值的英雄之旅。

當編輯成為自己與世界重新連結的方法後，它不只是讓人學習「傳統」編輯擅長的「才能」——寫下打動人心的故事，也可以是正在構思一份商業企劃或品牌升級的創意激盪；或是一場科學實驗，就像牛頓依循編輯的推論與溯因推論，而有了「為什麼蘋果會從樹下掉下來」的思維；更有可能生活化地出現在面對整理房間毫無頭緒的當下，透過編輯的拆解與重組，有條理地開啟一項日常生活中的進化。這些看似不同的行為，都能跟著編輯的「十種觀察世界的思考法」回歸獨立思考的編輯本質，獲得這項找尋萬物本質的能力，並靠著自己的大腦鍛鍊，獲得一把編輯工學奉為圭臬的「向生命學習，讓歷史舒展、與文化玩耍」之鑰。

所以，所謂的編輯，不只是文字能力、不只是一種職業，而是思維方法。透過一次次編輯的過程，釋放你的想像力，在有機體的哲學宇宙中，以屬於你的「編輯思考法」，找尋無限延伸的自由意志。編輯，果然是門科學，引領每個潛藏創意的靈魂，繼續為人類留下，給下一個世代的新故事。

本文作者為日本文化誌《秋刀魚》總編輯、黑潮文化共同創辦人，曾獲金鼎獎雜誌類個人獎最佳主編獎

目次

第2章 讓世界與自己重新連結的方法

第3章 讓才能開花結果的「編輯思考」十種方法

第4章　編輯工學研究所的工作

第5章 世界是彼此串連的

【導讀】 為了修得自由的編輯心法

文／松岡正剛（編輯工學研究所所長）

編輯工學的對手是廣義上的資訊。

以組裝工程的手法編輯資訊就是所謂的編輯工學，這意味著編輯工學是一種方法。一如我們會利用語言、文字、樂器或畫具表達想法，也會利用電腦解決問題，我們同樣會活用各種符號或形式展現那些編輯過後的創意、思緒與呈現手法，而這就是編輯工學所扮演的角色。

資訊隨著生命出現而編寫。最先被編寫過的資訊就是核糖核酸（ribonucleic acid，RNA）與脫氧核醣核酸（deoxyribonucleic acid，DNA），之後則是動物那多得令人難以置信的溝通方式。當人類誕生之後，人類便利用語言、道具、數字、圖示編輯資訊。所有在生命與社會掀起的大漣漪，都是資訊編輯的歷史，但要釐清這段歷史，將會遇到兩個棘手的問題。

一個問題是編輯資訊的方法太過龐雜，未能趨於一致，這是因為國語、數學、繪畫、陶藝、料理、人工智慧（Artificial intelligence，ＡＩ）以及其他編輯資訊的方法至今都往不同的方向發展。我在三十幾年之前發明了編輯工學，為的是主張這些凌亂的資訊編輯方法之間，存在著共通的鑰匙與鑰匙孔。

另一個問題則是我們的身體、大腦、心靈都是編輯資訊的主體，會干擾我們編輯資訊的過程，而這個問題也遠比上一個問題來得更加棘手。那麼「我們」該如何應對這類干擾呢？答案就是必須採用編輯工學。

本書可說是解決上述兩個問題的全新解方。作者安藤昭子是一位帶領編輯工學研究所的優秀人才，凡是將工作交託給她都能迎刃而解，我也相信她會利用各種方式與手段解決上述的兩個問題，為更多上班族解決煩惱。

現今疫情蔓延，政府機關與民營機構、社會與組織，個人與家族都面臨新型態的分離與融合，而這時候我們到底該怎麼做才對？把自己關在家是無法解決問題的。不管世界的情勢如何轉變，也不管日本社會如何變化，希望大家都能透過本書學會個人的「編輯自由」。所謂的編輯力不是面對變化的能力，而是創造變化的能力。

前言

世界總是變化無常，進入二〇二〇年之後，大環境變化之快，像是一波波前所未見的大浪猛然襲來，新冠肺炎也讓整個世界陷入危機，原本需時三年的變化只在三個月內完成，需時十年的變化也在半年之內完成，我們也被迫而臨這樣的時代。除了疫情之外，氣候與國際情勢的變化之快，也總是讓我們始料未及。

我們也被迫重新審視我們學會的方法論與存於心中的世界樣貌。線上課程或線上會議都不是被迫待在家才開始的事情，但在這不知是好是壞的環境變化之中，我們遇到了許多迫使我們緊急煞車，停下腳步思考的問題，例如學校的定義為何？會議又是為誰而開，辦公室又是做什麼事情的地方，現在的我們彷彿來到暑假的最後一天，但桌上卻堆滿了「早該完成的暑假作業」。

後續的變化應該會繼續加速吧，還是其實什麼都不會改變呢？不管我們喜不喜歡，一切的變化都是所謂的「啐啄同時」。所謂的「啐啄同時」是禪語，「啐」是雛鳥從殼內向外啄的動作，「啄」則是母鳥從殼外嚙殼的動作。只要當「啐」與「啄」這兩個動作互相呼應，雛鳥才能破殼而出、迎接新生，這句禪語則引申為悟道與教學應有的樣貌。

從殼外嚙殼的不一定是由衷盼望雛鳥出生的母鳥，也有可能是沒有絲毫慈悲之心的外界壓力，即使如此，到處都有殼破掉對吧。會讓我們感到緊張或害怕的，有可能是一直以來我們「視而不見的問題」，也有可能是那股對「誕生的期待」。

本書的目的在於讓潛藏在每個人身上的「編輯力」覺醒，讓個人或集團（組織）的能力徹底釋放，讓一波波襲來的變化化為己用，自行破殼而出。「編輯工學」（按：工學＝工程＝engineering）將是各位讀者最強的夥伴，每個步驟都將讓各位徹底釋放自己的能力。

第一章「何謂編輯工學？」是「編輯工學」的概論，幫助大家了解編輯工學的基本思維，也讓大家明白何謂「編輯」，又為什麼要冠上「工學」這個名稱。之後還要闡明本書標題的「編輯工學」與「才能」之間的關係。

第二章的「讓世界與自己重新連結的方法」是相當於本書主幹的章節。這章要透過十種方法為大家分析在這混沌不明的世界生存所需要的能力，也要介紹編輯工學的基本立場與思維，試著以前所未有的角度重新認識眼前這個看似理所當然的世界，所以本章會依照資訊編輯的流程為大家介紹所需的技巧與世界觀。希望大家能透過無孔不入的「迷你練習」放鬆大腦，閱讀本章的內容。

第三章「讓才能開花結果的十種編輯思考術」，則要帶著大家實踐第二章學會的觀點。每一種編輯思考術都包含「思考術介紹」、「練習」、「練習解說」、「來自第二章的提示」，也會請大家練習這十種編輯思考術。請大家在工作或生活之中使用這些編輯思考術，習以為常的日常景色肯定會有所改變。

第四章「編輯工學研究所的工作」則要透過編輯工學研究所的工作內容介紹一些第二章與第三章的實際案例，讓各位了解編輯工學提供了哪些價值，而這些實際案例都有可能成為事業或專案的靈感。

最後的第五章「世界是彼此連結」則是我試著從個人觀點描繪的編輯工學世界觀。若能讀到本章，想必一定能更具體地想像編輯工學的世界觀，第二章與第三章介紹的實踐知識（practical wisdom）也將會派上用場。

本書的閱讀順序為第一章至第五章，但隨時都會穿插一些相關內容的參考頁面，這感覺就像是本書的內容是由強化編輯工學知識的直線，以及豐富觀點的橫線所交織的一塊大布。

真正重要的是，這塊大布之中穿插著每位讀者心中那名為想像的縫線，而且每位讀者都擁有不同的想像。雖然本書是大量印刷的印刷品，但透過本書編輯的布料肯定不會是相同的花紋。我很期待各位讀者編出哪些花紋，也讓我們從「何謂編輯工學？」這個章節起步吧。各位讀者在讀完本書之後，前所未見的全新世界將會在眼前出現。

安藤昭子

第 1 章

何謂編輯工學？

一切從「編輯」開始

不知道各位看到「編輯」這個詞彙會聯想到什麼呢？說不定是聯想到從雜誌、書籍、影像或是其他媒體擷取資訊，編撰資訊的專業技能。

本書提及的「編輯」則具有更廣泛的意義。

我們的生活早就充斥著各種「資訊」，比方說，起床時的體感，戶外的天氣，出門前的時間，電視新聞、早餐的菜色、衣櫃裡的衣服與今天的穿搭，這一切都是「資訊」，我們也不斷地「編輯」這些龐雜的資訊。

本書對「編輯」的定義是指與這類「資訊」相關的一切操作。

我們的認知、表現、理解、溝通都必須經過「編輯」才得以成立。只要我們醒著與持續活動，隨時都在編輯資訊，即使我們睡著，大腦也仍在編輯資訊。不管我們是否注意到這點，只要身為人類，就是靠著「編輯」資訊活下去。

其實我們的生命也在這個當下透過無數的活動編輯資訊。不管是基因、細胞、內臟、腦內物質，都會持續交換「資訊」，維持著「我們」的生命。

進一步來說，不只有人類會「編輯」。狗、貓熊、大海、高山、學校、公司、都市、社會，都會將資訊揉和成某種特定的形式，再呈現在我們眼前，所以「編輯」在成為人類的技能之前，更是建構這個世界所需的原理。

那麼「資訊」從何而來？「編輯」又從何時開始呢？早在人類與其他生物出現之前，資訊就與生命一起誕生，而「生命這種型態」也在「編輯」這個機制運作之下不斷地演化。

來自地外的資訊編碼成為生命的元程式，這個元程式打造了保護自己的生物膜，自此分成外側與內側，元程式也以獨立個體的型態展開生命活動。

在生命開始活動之後，資訊與資訊編程的差異催生出各式各樣的生物，並且讓這些生物持續進化。

不管是單細胞生物進化成多細胞生物，還是人類學會直立二足行走，學會利用火取得更多衣服、食物與安全的住處，都與資訊的「編輯」有關。

因此我們可以得到人類、生物、地球、宇宙從以前到現在，從未停止編輯資訊的結論。

是的，「編輯」很深奧，讓我們難以得知它的全貌。

本書介紹的「編輯力」，不只是能於明天的工作或生活派上用場的技巧。將目標放在這世界所有與編輯有關的事物，利用新觀點以及發現的新方法，誘發每個人前所未見的潛力，才是本書介紹的編輯力。

能釐清本書所說的「編輯」，以及讓「編輯力」助每個人與社會一臂之力的方法論就是「編輯工學」。

為什麼要稱「編輯」為「工學」？

距今三十年前，松岡正剛發明了「編輯工學」。松岡正剛於一九七〇年代創立獵奇型雜誌《遊》之後，透過前衛的編輯技巧與無窮無盡的知識，影響了無數的知識分子與創意工作者，更在某次專案的因緣合巧之下，提出跨領域思維與整理研究的資訊文化技術，而這項技術就是所謂的「編輯工學」。

該專案是為了紀念日本電信電話公社民營化為NTT的活動，該活動的名稱為「編輯所有與『資訊』有關的歷史」，最終這個活動也整理成《資訊的歷史》這本書。這本書可說是一本前所未見的年代表，其中透過龐大的曆象資料、分類與標題，完整說明了「資訊」在這兩千年之內，從象形文字演變至人工智慧的各種型態。

在上述活動之中，松岡正剛構思了「編輯工學」這個全新的方法論，並於一九八七年創立了「編輯工學研究所」。

「編輯工學」是透過「編輯」這個共通的方法論串連一起的「容器」，有容乃大，足以納入生命的樣貌到人類的歷史、人類的認知到表現、哲學到系統工學、文化到宇宙論，來自各界的人、見地與可能性都在這個容器之中交換，也有許多專案於這個容器之中啟動。相關的活動、思想與文化則於現在的編輯工學研究所延續。

為什麼「編輯」與「工學」非得併在一起談呢？松岡將編輯工學的「工學」（Engineering）

定義為「持續處理交互作用的複雜技術」，而編輯工學這項「直接處理複雜事物的技術」也隨著時代不斷進化。

在這個複雜程度不需多作解釋的現代社會之中，這項已發明三十年之久的編輯工學，也因為自身的可塑性而得到大眾關注。

由於各類科技持續進化，環繞在我們四周的大量資訊已進入自動分層、自動編輯的狀態，Google的演算法、個人化的媒體報導、從社群網站那小小的訊息框一窺的社會百態，這些資訊就像空氣般，滲入我們的認知之中。

於人類大腦之外的世界操作資訊的「工學力」正以指數般的速度演化，但我們卻還無法掌握位於大腦之內的「編輯力」，我們的內心也在毫無防備之下，遭受如洪水猛獸般的大量資訊侵襲。

在這種情況下，我們等於曝露在根本的認知危機之中而不自覺，只憑資訊素養或資訊倫理教育這類解決單一課題的課程，或許根本來不及面對這些認知危機。

生命活動的作業系統（Operating System）可說是廣義的「編輯力」，當我們以工學的方式將這種編輯力解讀為某種「方法」，才能釐清人類的本能，讓人類重新裝備這些能力。從工學的角度解讀「編輯」這項技術，或是將「工學」解讀為「編輯」這項能力，才能讓人類與生俱來的能力在這個交互作用極為複雜的世界啟動，這也是「編輯工學」的目的。

本書提及的「人類本能」應該會以不同的方式呈現，而這種本能或許就是所謂的「才能」。

「編輯」讓「才能」開花結果

才能的「才」在日本的古語讀成「zae」，指的是石頭、樹木這類素材具備的特性，而讓這些特性得以發揮的能力稱為「能」。

「才」屬於素材的部分，「能」則是工匠的技術，所以「才能」是在素材與工匠的交互作用之下出現的產物。

於中世紀寫成的《作庭記》被譽為日本最古老的造園書籍，其中有一句「順從石之乞願」的敘述，意思是「將石頭放在石頭想待的地方」。

傾聽石頭的心聲，讓石頭以它想要的姿態呈現，才是工匠的技藝所在。

此外，根據說明漢字起源的《字通》（白川靜，平凡社，一九九六年）一書所述，「才」是標記神聖場域的樹木，後來人們用來描述最初的存在，所謂「天地人三才」就是「宇宙間萬物的總稱」，也是「宇宙的根源之力」。

非後天所造，渾然天成的事物稱為「才」。

石頭與樹木都屬於這類事物之一，唯獨工匠的「能」方可激發這些事物自有的「才」。

那麼該如何激發藏於內側的「才」呢？除了個人的「才」之外，還有別人、團體的「才」，以及當下某個情況的「才」。

要能自由穿梭於素材內側與外側，就必須擁有柔韌的編輯力。

這裡的重點在於，才能不只是存在於自己的內側，更是在與環境交互作用之下出現的產物。

一如石頭安置在庭院之中，樹木因為工匠的技術而找到最佳的方向，你的技能與周遭事物的影響將為你帶來全新的機會。

傾聽於內部沉睡的「才」的聲音，再透過編輯力這個「能」讓「才」得以浮出表面。

讓這一切得以實現的工學方法就是所謂的「編輯工學」。

讓世界與自己靈活地重新連結

不過，我們的想像力、感性已受到太多「似是而非的資訊」淹沒，也受限於那些「就是這麼一回事」的觀念。

要想接觸於內心深處沉睡的「才」，就必須剝開這一層又一層的既有觀念。

第一步，先讓我們與世界靈活地重新連結，試著以一些有別以往的觀點看世界。

習於日常生活的我們不會思考「編輯」是怎麼一回事，但是當我們開始注意於內心蠢動的「編輯力」，我們看待世界的角度將會有所改變。希望大家能重新看待「自己」這個資訊，推開「編輯工學」這扇大門。

請大家帶著一點點冒險的精神走出習以為常的風景，享受名為「編輯」且無限開闊的世界。

第 2 章

讓世界與自己重新連結的方法

方法

01

分則通、通則變

「音段化」讓工作有所進展

為什麼房間亂糟糟？

假設你準備整理一間亂七八糟的房間，你必須先買垃圾袋、把衣服收回衣櫃、將馬克杯拿到廚房洗，也得丟掉多餘的印刷品以及書放回書櫃，要整理得乾乾淨淨，就是有這麼多麻煩的步驟。但是，愈麻煩就愈有最該優先執行的事，那就是「要從哪邊開始收拾」。

決定要從哪裡開始整理之後，就能動手整理或是設定一些收納的規則。如果沒有先決定「要從哪邊開始收拾」，這間房間恐怕永遠都會亂七八糟，你也只好一直覺得「好煩喔，房間這麼亂」，鬱悶地迎接下一個週末。

當我們遇到一些事情的時候，常常「很難開始動手處理」，而這些狀況、事情或工作之所以遲遲無法動手處理，往往是因為凡事起頭難，還沒進入「編輯」的狀態。如果能在亂得像一團毛線球的資訊之中找出線頭，應該就能理清資訊，那麼可以理出多少資訊呢？只有當我們知道可以理出多少資訊，事情才會有所進展。提倡「搞定」（Getting Things Done，GTD）工作術的高階主管教練大衛・艾倫（David Allen）曾指出，要想俐落地完成工作，「拆解工作」是非常關鍵的流程，也就是盡可能將工作切分成具體的步驟。像是將「星期五之前提出企畫」這件工作拆解成「撰寫企畫書的架構」、「利用一張A4紙整理客戶提出的條件」，換言之就是將工作拆解成需要實際動手完成的單位。

如果遇到遲遲無法著手處理的工作、棘手的狀況或是難以跨越的障礙，第一步要先試著「分解」。只要能「分解」，自然就會「知道」下一步該怎麼做，只要知道下一步，眼前的景色就會為之改變，也會以不同的角度或心情判讀這些工作、狀況或障礙，這也就是所謂的「分則通，通則變」的意思。

即使遇到看似一籌莫展的狀況，只要能找到切入點，就能編輯這些狀況的資訊。除了前述的整理房間或是工作管理，「資訊」終究是可以「分解」的。松岡正剛也將這最初的一步稱為「試著為錯綜複雜的『海量資訊』加入標點符號」（松岡正剛《知的編輯工學》，朝日文庫，二〇〇一年）。

世界將因一個標點符號而改變

標點符號的功能在於「分割」意義，我們也能透過這道「分割」的步驟更簡單明快地操作資訊，資訊也會在「分割」之後產生新的意義。

迷你練習 01

▼請問下列這個字串有幾種意思？

「下雨天留客天天留我不留」

如果寫成「下雨天，留客天，天留我不留」就有主人想趕走客人的意思，但如果寫成

「下雨天留客天，天留我不？留！」就代表客人可以繼續待在主人家作客。

由此可知，標點符號的位置足以改變一句話的意義。資訊蘊藏著許多意義，在經過「分割」（articulation；原意指關節，音樂中指的是音段化、運音法、演奏或演唱技法）之後，這些意義才會浮出檯面，所以我們可說「音段造就脈絡」（context；另譯為語境、脈絡、上下文、背景、起因），當然也可說是「音段隨脈絡而生」。

其實生物也是經由「音段化」而擁有生命。某個細胞的「分裂」被視為生命的起源，之後再依功能「分裂」成不同的內臟與「關節」，人體也在這個過程中慢慢形成。

人類的手有五隻手指頭，手指頭也有關節，所以我們能使用工具，大腦也在使用工具的過程中發育。由此可知，音段化（分割、分裂）在生命的進化過程中，扮演著相當重要的角色。看來「學會整理房間」這種自我的進化，與生物在五億年之內的進化，也有著異曲同工之妙。

「音段化」這美妙的能力

只要將「音段化」這項能力套用在機器身上，就能知道這項能力為人類帶來多少機會與可塑性，因為光是「分割」這件事，對機器來說就是難如登天的難題。

比方說，你對家事機器人下達了「餵我吃蛋糕」的指令，假設這台機器人沒有「蛋糕應該放在盤子上端來」的知識或經驗，有可能會連盤子，甚至連桌子都往你的嘴巴塞。

機器很難從目前的任務之中挑出「具有相關性的部分」，換言之，機器不懂得如何適當地「分割」任務。除了語言與概念的定義之外，這些具有相關性的部分具有何種意義框架，又具備哪些相關性，若無法同時處理這些部分，就無法將蛋糕與盤子分開來思考。

這就是所謂的「框架問題」或「符號接地問題」，也是人工智慧的一大難題。

人類以這項「分割」的能力為起點，同時還能有條有理地編輯充斥在身邊的大量資訊，進而替這些分割之後的資訊分門別類，再了解箇中意義。美國心理學教授喬治．米勒（George A. Miller，一九二〇—二〇一二）將這種分組之後的資訊稱為「組塊」（chunk），也是某種認知的「叢集」。

在學習語言的時候，我們除了需要背單字，還必須背片語，而這種片語就是所謂的組塊，也是「意義的叢集」。比方說，電話號碼是以三至四個位數為區塊，地址則有路、街、弄、巷這類資訊的叢集。

能否隨心所欲地重新畫分這類組塊，是啟動編輯力的第一步。前述的「拆解工作」就是隨意畫分工作組塊的能力。

放眼觀察這個世界，你就會發現這個世界充滿了切割與組合的痕跡。公司的部門、商品的分類標籤、國語、算數、物理、社會這些科目、綜藝節目與電視新聞這種分類，只要換個角度觀察，就會產生全新的組塊以及意義的叢集。

這種藉由分割整理資訊的編輯力不僅能幫助我們面對已知的世界，還能在我們的面前創造一個全新的世界。讓我們先回想起我們隨時都能使用這項分割資訊的能力，再踏上名為編輯的冒險旅途吧。

方法
02

比較、組合、錯開
創新所需的「洞察力」

組合產生價值

以新觀點拆解（音段化）資訊，資訊與資訊之間就會產生新的關聯性。若以開頭的「整理房間」為例，在將物品分類成「需要」與「不需要」的過程中，有可能會想替這些物品貼上「經常使用」或「保存版」這類標籤。

找出這類藏於事物之間的相關性與建立新的組合，就能創造新的意義與價值。刻意挖掘這類相關性的嘗試就是所謂的「編輯」，而執行這類嘗試的能力就是所謂的「編輯力」，因此我們可以得出「編輯力就是發現關聯性的能力」這種結論。

所謂的「創新」就是「透過新的組合成功創造前所未有的事物」。大部分的人聽到「創新」，都會立刻聯想到「技術方面的改革」，但其實這個詞的意思更加廣泛，「創新之父」熊彼得（Joseph Alois Schumpeter，一八八三—一九五〇）就以「新組合」（new combination）一詞說明創新。一般認為，利用前所未有的新組合推動市場的創新共有五種類型：

①製造新產品的創新（Product Innovation）
②採用新的生產方法（Process Innovation）
③開拓新市場（Market Innovation）
④獲得新資源（供應鏈創新）
⑤打造全新的組織（組織的創新）

——熊彼得《經濟發展理論》（*The Theory of Economic Development*）一九一二年

這五種類型都是利用舊元素打造的新組合促進「創造式破壞」這種非連續的發展。

到底該怎麼創造「新組合」？該怎麼做，才能利用新組合重新體認世界？能隨心所欲地創造「新組合」又有什麼好處呢？

盧留斯的結合術與「新世代結合術」

令人驚訝的是，居然有人比熊彼得早六百年，想到透過新組合產生價值的「結合裝置」，這個人就是西班牙哲學家雷蒙杜斯．盧留斯（Raimundus Lullus，另譯為雷蒙德斯．盧勒）。身為神學家的盧留斯為了讓伊斯蘭教徒皈依基督教設計了某種裝置，他曾試著替所有學問建立綜合體系與設定基本概念，再從中導出大量的觀點與結論，藉此證明基督教比伊斯蘭教更為優異。

「盧留斯的結合術」這種利用符號計算方式驅動的思考裝置後來於不同的領域應用，也被改造成適合這些領域的構造，最後也成為歐洲的結合術，衍生出各種應用方式。「新世代結合術」（Ars Combinatoria）這種方法促進了歐洲的文學、音樂、技術、社會制度與其他文化、文明的發展，新世代結合術的英文為Art of Combination（結合術），而上述的發展過程就是透過建立相關性產生新價值的歷史。

「創新」（新組合）不只是現代商業的流行話題，更是人類絞盡腦汁進行的挑戰。

生命的進化向來不是線性的，必須透過創新這個過程才得以完成。法國遺傳學家法蘭索瓦・雅各布（Francois Jacob，一九二〇—二〇一三）曾使用「修補術」這個字眼形容生命的構造有多麼五花八門。修補術的原文是法文的「Bricolage」，意思是「偶然的組合將創造新事物與新突破」，他認為生物的進化並不是按圖索驥的工程，而是一邊解決問題，一邊修補既有系統的過程。

觀點、提出問題、機能、技術、商品、概念、方法論，市場已經充斥著這些人類難以處理的課題。我們能否從另一個角度解讀它們的用途，以及串起那些看似無關的知識，創造全新的價值呢？只有「找出關聯性的能力」才能讓我們踏出創新的第一步。

那麼該怎麼做才能發掘多彩多姿的關聯性，擁抱全新的組合呢？

找出關聯性的祕訣，在於從不同的角度觀察事物

想要發掘藏在資訊之間若隱若現的關聯，最好具備能從不同的「切入點」觀察資訊的能力，而且這類「切入點」是愈多愈好。

迷你練習 02

▼超市給的塑膠袋是「方便顧客包裝食材的袋子」之外，還有別的用途嗎？

請盡量試著從不同的「切入點」說明。

這個塑膠袋若是在廚房，就是所謂的垃圾袋。倘若遇到下雨天，這個塑膠袋就是腳踏車的座墊套。如果去旅行的話，這個塑膠袋可用來裝要洗的衣物。暈車時，還可以當成臨時的嘔吐袋使用。如果隨手扔掉這個塑膠袋，會造成環境汙染。雖然是同一個塑膠袋，但在不同的場景與狀況下，會有不同的功能，也扮演不同的角色，甚至給人不同的觀感。但

是，當我們身處這些狀況中，往往只能從單一的角度觀察事物。

【圖 1】這張畫可用來說明人類的認知特徵，也是非常有名的一幅畫。大家從畫中看到什麼呢？

應該會看到一位年輕的女性或是一名老婆婆吧？但應該不會同時看到她們才對。由此可知，人類的大腦只能認知其中一面的模樣。

我第一次看到這幅畫的時候，小學時的「某次事件」突然湧上心頭，讓我出現「回憶重現」這種壓力反應，也讓我陷入沉思。

【圖 1：女孩與老婆婆】
（19 世紀、作者不詳）

我還是小學生時，「野生王國」與畑正憲非常流行，電視上也有很多動物節目；記得那次剛好不同的電視台連續兩天播了野生動物的紀錄片。

一開始看到的紀錄片是記錄母狐狸與小狐狸分離的季節，內容主要是母狐狸會在某天把細心呵護的小狐狸趕出巢穴，而不了解母狐狸用意的小狐狸只能沮喪地在草原開始自己的旅程。當時還是小學生的我看到這幕的時候，胸口突然一緊，彷彿自己就是紀錄片之中的那隻小狐狸，我也記得當時的我不斷祈禱大家都能過得幸福，也希望失去母狐狸陪伴的小狐狸能平安無事。

隔天，另一個電視台播放了母熊與小熊的紀錄片。片中帶著兩隻小熊的母熊遲遲找不到獵物，要是再這麼下去，恐怕母熊與兩隻小熊都熬不過這個冬天。旁白的口氣雖然平穩，但我的心跳跳得好快。當我不斷祈禱時，母熊總算在草叢之中發現一隻稚嫩的小狐狸，於是母熊衝了上去，小狐狸嚇得立刻逃跑，而害怕小熊餓肚子的我，則是大喊「加油！加油！」一心一意地為母熊加油。當母熊成功抓到小狐狸的時候，我還因此鼓掌叫好。

只是開心並不長久，因為當我看到母熊叼著獵物回到小熊身邊，才發現那隻被叼著，癱軟地停止動作的獵物，竟是我「昨天希望牠能得到幸福的小狐狸」。年幼的我突然腦筋一片空白，沒辦法活下去的小狐狸、因為小狐狸死掉而開心的自己，總算不用餓肚子的小熊，被吃掉的小狐狸，一時間，各種心情湧上心頭，我也莫名地哭了出來。

我覺得當年的我之所以會流淚，並不是因為看到了生物的宿命或是了解了生命就是這麼不講道理，而是因為世界突然翻轉，快得令我猝不及防。

若從編輯工學的角度回想這個當年的「小事件」，就會明白前述的「世界的翻轉」藏著許多可能性。年幼的我沒辦法將當年的驚嚇轉化為文字再消化，所以有段時間很討厭這類動物節目。

我們身處的這個世界有很多面向，置身於如此錯綜複雜脈絡（context）中的我們，企圖了解自己與世界。

假設我們不積極改變自己的觀點，也不打算了解世界的各個面向，我們就只能看到這世界的某個面向，還誤以為自己了解了整個世界，這或許就是大部分的溝通會有出入的原因。

在編輯資訊的時候，請大家務必記得「資訊具有許多面向」這個基本概念，這也意味著要盡可能蒐集資訊，這麼一來，就有極高的機會找出事物之間的關聯。倘若我們不懂資訊擁有如此多的面向，我們將如同赤身裸體走在雪地而不自知，但是當我們了解資訊擁有許多面向這點，這些資訊將成為極有價值的資源。

只有當我們正面看待資訊的多元性，乍看之下毫無關聯的資訊 A 與 B 的相關性，才會因為某個觀點而浮現。

不假思索地畫一條對角線

前述的「音段化」曾提到「這個世界充滿了切割與組合的痕跡」(→P.44)。「分割」雖然是編輯的第一步，但我們也無法否認我們活在一個不由我們決定如何分割的世界。

法國哲學家蓋伊瓦（Roger Caillois，一九一三—一九七八；另譯為羅傑．凱洛斯）提出的「對角線科學」可將全新的觀點帶進這種被分割的世界，而這種觀點可找出於大自然與社會現象背後潛藏的規律，不管是大自然的風貌、神話的構造還是繪畫的風格，這種觀點都能找出暗藏其中的法則。

以各種方式水平截斷既有的知識，有時可修補各種過於細分，直至危險境地的領域。

——蓋伊瓦《斜線》（*Obliques*），日文譯本『斜線』，講談社學術文庫，講談社，二〇一三年

的確，任何事物「有時都會過於細分，直至危險境地」，此時若能引進不同的觀點，就能串起這些被過度細分的領域，而這就是前述的「修補術」（Bricolage）。

那麼為什麼能從「相似的事物」或形狀、格式毫不相干的事物之中找出類似性與相關性呢？本書也將探討這個問題。

如何才能創造資訊流動的瞬間？第一步就是積極地重新認識這個在眼前不斷流動的混沌世界，以及反芻自己的思維。

方法
03

換乘、汰換、換裝
「跳脫」成見的方法

察覺思考框架

我們打從一出生便不斷地探索與認識身邊的世界，並從中獲得各種思考框架。「方法01」提到了「框架問題」、「符號接地問題」這兩個屬於人工智慧的難題，而這兩個難題也讓我們察覺那些習以為常的思考邏輯有多麼複雜與高階。

不管是決定今天要穿的衣服，或是看到相聲而笑出聲音，或是在開會的時候說明資料，都一定是透過某種思考框架理解上述這些情況，或是做出反應以及與別人建立溝通管道。

MIT(麻省理工學院)的人工智能研究所創辦人,同時被稱為人工智慧之父的閔斯基(Marvin Lee Minsky,一九二七—二〇一六)曾以「框架」與「架構」這兩種概念整理大腦的構造,這也是利用電腦說明人類知識構造的創意。

閔斯基提出的「架構」(schema)指的是用於處理腦中資訊的基本知識區塊,各位可將這個知識區塊想像成思考所需的架構、器具或是容器。

「架構」(schema)通常是指圖解、圖式、邏輯構造,若念成德文的發音,則是代表醫師畫在病歷的圖解,而在科技世界裡,schema又代表資料庫的構造設計圖或是程式設計語言的手冊。

「schema」這個單字也很常於商場出現,主要是指具有某種架構的計畫或策略,通常會說成「事業架構」、「銷售架構」,而「事業架構」通常是比「事業框架」更加具體的計畫。

因此各位可以把「schema」視為一種讓具體的事物進行某種程度抽象化的架構。

活用「架構／框架」：「搞笑」的編輯力

統整前述這種架構的體系稱為「框架」(frame)，而框架就是理解某種概念所需的背景知識，只有具備「框架」這種背景知識，才能了解事物的意義，而一個「框架」通常是由多個「架構」組成。

若是沒有「架構」或「框架」，我們每次都得從零開始了解事物。即使是在這個當下，我們也是透過「讀書框架」之中的「書籍架構」、「閱讀架構」閱讀本書，所以視線會由上而下移動，也會不假思索地用指尖翻頁。

假設沒有上述的框架或架構，我們就必須從零開始思考「讀書」這個行為。進一步來說，這世上充斥著各種層級的框架與架構，有些像是「讀書」這種普世的框架，有些則是各地區或民族特有的框架。

這種於不同地區產生的框架差異就稱為「文化」。

單口相聲、雙人相聲、短劇之所以如此「有趣」，全因表演者巧妙地利用、破壞或錯置我們長期累積的「架構」與「框架」。

比方說，「披薩店框架」有披薩店的制服、用語、程序這些「架構」，而我們也都有「披薩店就該如此」的認知框架，所以當扮演披薩外送員的表演者與顧客裝熟，或是在玄關聊一些語重心長的語題，故意跳脫我們認知的框架與架構，「明明是個披薩外送員，怎麼會這樣」的趣味就會油然而生。

一般認為，「搞笑」不像音樂、藝術或體育那麼容易跨越國境，因為「搞笑」是一種操作文化框架的技能，這也是「搞笑」本身的宿命。

一邊跳脫認知框架與架構，
一邊思考

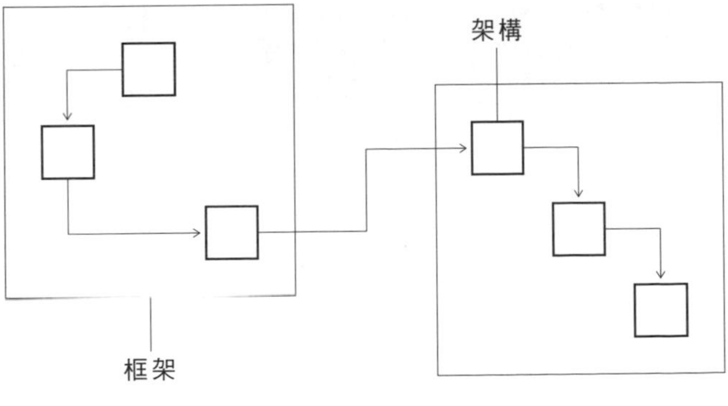

【圖 2：框架與架構】

我們就是像這樣透過「架構」與「框架」認知各種事物的模式。

那些「創意豐富」或「思考靈活」的人往往可視情況錯置前述的認知模式，並且引入全新的觀點（架構或框架的全新組合）。由此可知，「發想力」不一定是與生俱來的能力。若我們能察覺自己的思考框架，也能隨意操作或跳脫這類思考框架，就能激發潛藏的「發想力」。

讓我們隨心所欲地組合框架、跳脫框架的「發想力引擎」是一種夢幻的裝置，而「方法02」提及的「盧留斯的結合術」正是打造這台夢幻裝置的挑戰（→P.48）。

雖然人工智慧在那之後的六百年誕生，但完美的「發想力引擎」至今仍未實現，這也意味著人類的想像力有多麼錯綜複雜。

接下來就讓我們一起探索於框架之間來回跳躍的方法，試著了解藏在我們內心的「發想力引擎」。

資訊的「換乘、汰換、換裝」

我們認知的「資訊」常與一些外部的事物結合。

首先要知道的是，資訊總是乘著某種「載體」，而這些載體有時是電視、社群網站、書籍這類媒體，有時則是社長的演講、與孩子的對話或是餐廳菜單這類形態，而這些資訊都擁有標籤、分類、組合、模式這類「所有物」，也穿著日式、西式、外出服裝、休閒服裝這類樣式或風格的「衣服」。

所以松岡正剛才說「資訊無法離群索居」，也說「資訊常常會換乘、汰換與換裝」。所謂「編輯」就是積極參與資訊的轉運站。

當資訊停止「換乘、汰換、換裝」，事物的進展就會遲滯，我們也會覺得周遭的環境變得封閉。當我們無法繼續推動專案或工作，或是遇到靈感枯渴的時候，逼自己換個角度思考，讓資訊改以不同的載體傳遞，或是讓資訊汰舊換新，與重新包裝資訊，或許事情就會像生鏽已久的齒輪突然作動，開始有所進展。

當我們察覺認知的「框架」與「架構」，也懂得內觀這些框架與架構，或是能夠在這些框架或架構之間來回跳躍，資訊將持續以不同的載體傳遞，也將不斷地汰換與重新包裝。

迷你練習 03

▼什麼是「遠端工作」（telework）？

請盡量換句話說。

或許大家會想到「居家工作」、「遠距工作」（按：日文片假名寫為テレワーク telework，日式英文）、「衛星辦公室」這類詞彙，但從「テレ＝tele＝遠離」、「ワーク＝work＝工作」的定義來看，「工匠的分工體制」也是一種telework，演員或體育選手的「自主練習」也是其中之一。當資訊的「載體」從辦公室換成舞台、工廠、餐廳或農夫，司空見慣的風景也將成為某種不一樣的資訊。

第三章介紹的「地與圖」是一種讓我們從不同角度觀察資訊的基本編輯術，而這種編輯術能徹底改變我們的觀點，有興趣的人，不妨可以先練習看看（→P.217）。

輪番執行「聯想與摘要」

閔斯基對於「框架」還有一個重要的主張，那就是只有「類比思考」能讓我們的思考在不同的框架來回跳躍，邏輯思考無法做到這點。

「類比思考術」（下一節會進一步介紹）是一種於載體之間自由跳轉的思考術，而在建立思考的邏輯時，會使用「邏輯思考術」。

近年來有不少說法提倡類比思考與邏輯思考並行的重要性，比方說「水平思考與垂直思考」、「右腦與左腦」、「知的探索與深化」、「直覺與邏輯」。這些說法的共通之處在於我們與生俱來擁有聯想力（跳躍力）與摘要力（著地力），而且必須同時驅動這兩種能力。

在二十幾年前進入日本的邏輯思考術，偏重於前述的「摘要力」（著地力）的邏輯思考。

邏輯思考術的根源雖可回溯到古希臘的邏輯學，但真正將邏輯思考術整理成一個完整體系的是美國麥肯錫公司的顧問，這套「讓事物體系化且互不矛盾的思考術」也成為上班族必備的技能。

當「該思考什麼？」這個課題的框架非常明確，邏輯思考術就能派上用場，但是當課題超越既有的框架，「必須自行思考該思考的課題」時，邏輯思考術就顯得力有不逮。「只有『類比思考』能讓我們的思考於不同的框架跳轉」這項由閔斯基提出的主張，也明白指出只有邏輯性與整合性的思維有其極限。

不言自明的是，從事腦力激盪或創意相關工作時，聯想力與摘要力都是必要的能力。在驅使這兩種能力時，有件事要特別留心注意，那就是「這兩種能力必須輪番驅動」，換言之，讓思考朝未知向量擴散的「聯想力」以及讓資訊朝已知向量彙整的「摘要力」必須輪番作動。

之所以需要輪番驅動，是因為我們的大腦無法同時進行「聯想」與「摘要」。雖然有些人看似能同時驅動聯想力與摘要力，但其實這只是他們的切換速度太快，才讓我們有這種錯覺。

當我們遲遲無法產出需要的內容，或是在開會的時候，不知道該怎麼繼續討論下去，通常都是因為我們沒發覺自己正準備同時驅動「聯想力」與「摘要力」，這等於是同時踩緊了油門與煞車的狀態。

一邊叫小孩「自己動腦想想」、一邊卻叫他們「趕快去做」。一邊想要寫出「完美無缺」的企畫書、一邊又問自己「難道沒有更棒的點子嗎？」開會時，一邊要大家「盡可能發揮創意」，卻又在其他人發言的時候問「這創意有可能實現嗎？」這些都是同時踩緊油門與煞車的狀態。

我們的思考往往是由混合的「聯想力」與「摘要力」驅動，但如果我們沒刻意讓這兩股動力輪番驅動，我們的思考就無法徹底運作。當我們了解這點，就會換個方法叫小孩做事，寫企畫書的方法或是開會的模式也會跟著改變。

要擺脫成見，必須先強化屬於「聯想」的思維，再積極發動聯想力。當我們能自由地跳脫既有的認知框架，就能從框架外側認清勒住我們脖子的「成見」。

那麼該怎麼做才能自由地發動「聯想力」呢？我們總算要進入主題，介紹發動編輯力核心引擎的「類比思考」。

方法
04

尋找相似之物
靈活的策略思考：類比思考術

思考的沉睡之獅：類比

聯想（association）是一種「接二連三思考具有相關性的事物，不斷擴張想像的過程」。若問為什麼能發現事物之間的相關性，當然是因為我們具有挖掘「相似性」、「關聯性」的能力。

就算想放空，人還是沒辦法強迫自己停止聯想，而在編輯工學的世界裡，將這種止不住聯想的現象稱為「在意義單位的網絡之中前進」。

舉例來說，你趁著工作的空檔走進一間咖啡廳休息，結果發現隔壁座位有一位正在萬用手冊寫東西的人，而當你偷看對方在寫什麼的時候，你的想法便開始天馬行空，從萬用手冊聯想到「對方是在寫行程嗎？」接著想到明天的待辦事項是什麼？↓啊，我還沒聯絡那個人↓完蛋了↓話說回來，我也忘了把要洗的東西放進洗衣機，這也很糟糕↓要不要就這樣下班回家？↓家事的分配本來就很不公平吧？↓啊，在回家之前，要先聯絡那個人……直到你回過神來，會一直天馬行空地想個沒完沒了。

仔細想想，人的聯想力還真是厲害，很像某種自行啟動的自動駕駛，接二連三地找出事物之間的關聯性，直到找出其中脈絡為止。若想切斷這種脈絡，僧侶必須經過嚴苛的修行，上班族則必須修習所謂的「正念」(mindfulness)。

接下來要為大家介紹將這種與生俱來的聯想力用於創造與發展事物的方法。為了讓聯想力能朝著理想的方向發展，就要使用類比的引擎。

為此，讓我們重新思考「類比」到底是什麼？所謂的「類比」就是在我們想要串連或組合某些事物時的思維。

「類比」(analogy）就是所謂的「類推」，也就是「推測相似之物」的過程。若問這個過程的構造又是什麼，那就是利用已知的事物想像未知的事物（未知或想要知道的事物），藉此了解未知事物。若要用一句話概括，那就是「透過比喻思考」的過程。

前面的「方法02」曾提到挖掘資訊相關性的能力與創新之間的關係（→P.46），但我們之所以能從不同的資訊之間找出相關性，都是因為背後有「類比」這個推動思考的引擎。

一如前述，類比是我們與生俱來的能力，我們不可能在我們的生活封印這項能力。比方說「簡單來說，就是這麼一回事啦」的說明方式其實也是一種類

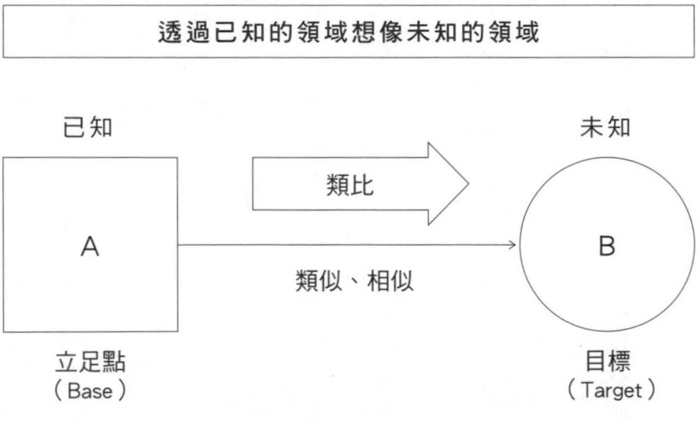

【圖3：類比到底是什麼？】

比。如果我們能活用這種說明方式，我們的想像力也將展開雙翅飛翔，而這也是接下來要談的主題。

以已知類比未知

類比不只是我們日常的思維，更是一種了解「未知事物」或「發明前所未有之物」的認知過程，當我們進行科學、藝術或其他需要創意的高階思考活動時，通常會驅使類比這項能力。

第一位獲頒諾貝爾獎的日籍理論物理學家湯川秀樹（一九〇七—一九八一）也是透過用類比這項能力開創了前所未有的科學世界。

據說松岡正剛於二十幾歲的時候，十分敬仰湯川秀樹，價值觀也因此受到深刻的影響。在選書導覽網站「松岡正剛的千夜千冊」（後續簡稱為「千夜千冊」）第八二八夜「充滿創意的人類」之中，介紹了下列這段湯川秀樹的話：

「重點在於將甲物視為乙物的過程。找出甲物需要想像力，而將甲物視為乙物的過程也需要想像力，到目前為止的科學都將這兩個部分視為連續的過程，但其實這兩個步驟是可以拆開來的，而這種串連不同的想像，將某種事物視為另一種事物的『鑑識』過程，就是理論物理學的本質。」

串聯不同的想像，將「甲物視為乙物」，這種從看似毫無關聯的框架之中找出相關性，再利用已知推測未知的過程，不僅是理論物理學的重要概念，也是進行各種知性活動的關鍵。

水流與電流是「將某物視為某物」的常見實例之一。假設水流為A，電流為B，那麼雙方具有下列這種對應性。

A：水源、貯水、水流、水壓、水力、漏水

B：電源、蓄電、電流、電壓、電力、漏電

這是利用「A的水流」了解「B的電力」的例子。我們也是像這樣透過「水」類比「電力」，藉此了解「電力」的樣貌。

認知科學或編輯工學是將做為基點的A稱為「基準」（base），而要理解的B則稱為「目標」（target），透過A的知識了解B的過程稱為「映射」（mapping）。

此外，在編輯工學的世界裡，這種從基礎移動至目標的意象（各種想像）又稱為「剖面」（profile），而驅動這三點的方法稱為「BPT模型」。

這個在編輯工學的世界非常重要的方

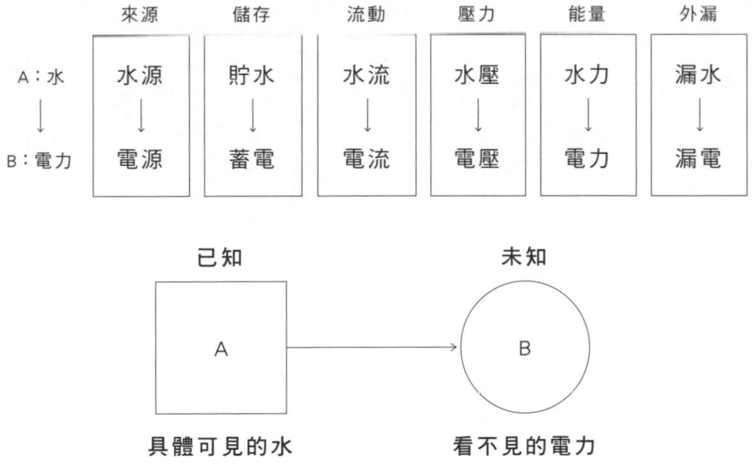

【圖4：水流與電流的類比】

法，是一種邊找出基準，面對目標，邊抓住游離兩者之間的剖面，進而不斷讓思考往前發展的方法。

相似→借用→套用　類比手法的構造

進行類比，會發生什麼事情呢？音段化之後，大致可分成三大步驟。

1. 思考什麼與什麼「相似」
2. 「借用」相似之物的構造
3. 「套用」借用的構造

也就是借用與套用相似之物的構造。

第一步是察覺有何相似之物。要能隨心所欲地使用類比思考術，就必須時時敞開雙臂，擁抱「這個好像那個」的想法。這就是所謂的「洞察力」（→ P.46）。

有些事物是外表、印象很相似，有些則是資訊的結構很相似，例如在相關性或是來龍去脈的部分相近，而「類比」主要就是察覺「構造上的相似之處」。

待察覺構造上的相似處之後，就是借用這相似之處。日本語言學者瀨戶賢一（一九五一──）曾提到下列三項類比得以在科學領域成立的重要性質：

1. 關係性
2. 選擇性
3. 單一性

所謂的「關係性」是指只與事物之間的類似性有關的性質，比方說儲存電力的電池與電力會借用蓄水的水池與水流（流動的狀態）的關係形容。

「選擇性」則是從多種特徵之中，挑出適合類比的幾種特徵，比方說，「男人如野狼」，這不是在說男人像野狼那般毛茸茸，也不是在說男人有獠牙，但只要具有一定程度的常識，應該就能理解這句比喻的意思，雙方的特質並非完全對應。

「單一性」則是用來比喻的事物只有一種的意思。假設「將A視為B」，那麼就不會出現C、D或其他類別的特徵。比方說，當我們將「電池」比喻為水池，就不會再以植物、動物、陽光、空氣比喻電力的其他特

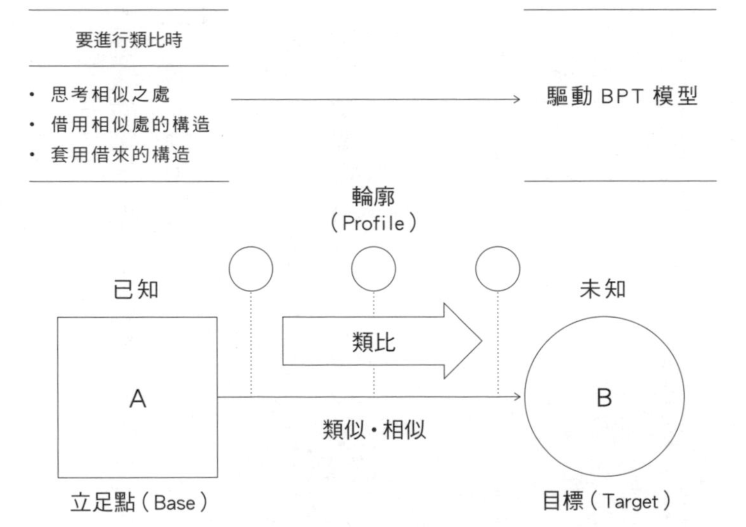

【圖 5：需要類比的事物】

徵，而是會繼續沿用水的特徵，將電力的流動比喻成「電流」，才能維持邏輯的一致性。

在科學的世界進行類比時，這三項性質特別受到重視（瀨戶賢一《比喻思考的意義與認知的機制》講談社現代新書，講談社，一九九五年）。

最後則是將借用的構造套在未知的事物上。

換言之，就是一邊將「難以言喻的事物」轉換成「可具體描述的事物」，一邊了解、說明與想像未知的事物。

迷你練習 04

▼「猜拳」可說是剪刀、石頭、布的一種類比。

請試著尋找身邊的類比，應該會找到許多平常未曾注意的類比。

用於擬定策略的類比思考

擬定經營策略時，類比思考也能扮演重要的角色。二〇〇五年四月號《哈佛商業評論》（*Harvard Business Review*）中，時任哈佛商學院助理教授的喬萬尼・蓋維蒂（Giovanni Gavetti），曾與講座教授詹恩・瑞夫金（Jan W. Rivkin）共同發表一篇文章，標題是〈如何真正思考策略？利用類比思考的力量〉（How Strategists Really Think: Tapping the Power of Analogy）。

這篇以「將眼光轉向正在類比思考的自己，就能提升決策品質，減少誤判」破題的文章透過英特爾（Intel）、豐田汽車（Toyota）、玩具「反」斗城（Toys"R"Us）這類企業的案例，強調了類比思考在企業經營上的重要（《哈佛商業評論》日文版，二〇〇五年七月號，Diamond社）。

蓋維蒂對企業經營高層進行的調查指出，大部分的經營者都利用類比思考做出決策。

儘管充滿合理性的演繹思考模式與講究實做與犯錯的冒險心態，被視為擬定經營策略的王道。就實務而言，經營者通常是透過非王道的「類比思考」突破僵局或是構思全新的商業模式，未來愈是詭譎多變，這些經營者愈是傾向採用類比思考。

其實只要稍微想像實際討論對策的場景，大概都會說：「對啦，應該都是這樣做決定。」但有趣的是，大部分的經營者都沒察覺自己是透過類比思考做出決定。

此外，懂得善用類比思考的經營者往往能洞察一些別人視而不見的部分，但有些意見認為，類比思考過於表面，若沒有注意到自己陷入類比思考的模式，很可能會推導出錯誤且難以修正的結論。

能以直白的描述建立組織共享的認知，與明白指出何為未知事物的類比思考雖然方便好用，卻也是一把雙面刃，我們若是無法察覺自己使用了類比思考，那麼類比思考有可能只是一種揮之不去的「自以為是」。

類比思考需要「你」

若不打算每次從零開始思考，這世上有很多應該參考的模型。能幫助我們活用這些模型的是類比思考，但還是需要你的想像力、從過去的經驗培養的洞力、直覺與個人的見地。類比思考是能在相同條件、相同主題之下，產生相同答案的工具，身處所有人爭著朝同一個方向奔跑的社會，以及必須不斷解決大量課題的時代，類比思考將能大大派上用場。

在前景混沌不明、價值觀漸趨多元化的現代，我們都必須思考何為課題，課題的結構又為何，換句話說，我們將常常遇到必須重新檢視思考的架構或框架的情況。

一如前述的閔斯基所主張的，能重新檢視思考框架的是類比思考，而不是邏輯思考（→P.63），而且類比思考還有想像力先於事實或證據的特徵。

常有企業為了培育人才而委託編輯工學研究所舉辦提升「發想力」、「資訊編輯力」的研修課程，我們也從這些企業發現共通之處，那就是越是徹底受過邏輯思考培訓的組織，就越缺乏啟動類比思考的能力。

最常見的是，不管是在哪個行業還是哪間企業，越是擅長處理日常業務的人，越無法驅動類比思考的能力，若問「這是為什麼？」在我們長期觀察之後，發現大部分的人都很排斥「自己」受到考驗這回事。

每個人的喜好或價值觀在透過事實、證據、邏輯導出正確解答的邏輯思考之中的比重並不高，而且愈能排除個人主觀或見解，愈能導出說服力十足的正確答案，更有機會受到認同自己是專業十足的上班族。

相反地，類比思考必須參照個人經驗或與記憶的資料庫才能驅動，在「將甲視為乙」的過程中，必須摻雜每個人自己的「觀點」，所以每個人都有專屬自己的類比思考，正因為如此，由此導出的觀點才具有價值。

要驅動類比思考，就必須先敞開心胸，重新檢視自己的觀點。只要懂得運自己的想像力，每個人都應該能透過類比思考發揮想像力。

因此在舉辦培訓課程的時候，通常都會追加下列這項練習。

我們會請學員先四至五個人分成一組，接著請每個人根據某個詞彙開始聯想，每個人都要把想到的詞彙寫在工作表上，再將工作表傳給其他的小組成員，如果其中有些讓人「恍然大悟」或「出乎意料」的詞彙，就在旁邊畫個圈圈標註。

大部分的人都覺得內心的想法受到窺探，是件很尷尬與難為情的事，所以一開始每個人都是一臉苦笑的表情，但重覆幾次上述的過程後，練習的氣氛也開始慢慢改變。

由於每個人聯想到的內容都不一樣，自己隨手寫下的詞彙也會在標註了圈圈之後回到自己的手邊，有些人會在看到出人意表的聯想時而嘖嘖稱奇，有時候則會看到自己覺得理所當然的詞彙竟然給人畫上圈圈。

「原來別人會這麼聯想啊？」的「發現」，以及自己腦海裡的一些想法受人「認同」時，那些「討厭自己的想法受人檢視的排斥感」也會慢慢消失。我已經看過很多次一再強調「這些差異都有其價值所在」之後，學員的表情漸漸變得不一樣的情況。

當我們完成這項熱身操，正式進入驅動類比思考的課程之後，每個人的表現也明顯提升不少。暫時不管輸出的內容是否具有整合性，同時將拆掉內心的限制器，人類的創意就能發揮相當的力量。「我的想法很死板」、「我是個沒有創意的人」，這些對自己的想像不過是自己編造的幻想而已。

沉睡的獅子終會醒來

小孩子是類比思考的天才。扮家家酒遊戲簡直就是即興的類比思考，警察抓小偷、躲避球、捉迷藏這些充滿刺激的遊戲則是從成人社會的制約或競爭類比而來。

前述的法國哲學家蓋伊瓦將「尋找相似物」視為遊戲的本質。在他所著的《遊戲與人》之中，他將遊戲分成下列四大類：

競爭（Agon）

運氣（Alea）

模擬（Mimicry）

「暈眩」（ilinx）

這四大分類的前提則是Paidia（即興、自由，擺脫規則的初始之力）與Ludus（卻迫使參與遊戲的人服從規則的力量）這兩種特徵，蓋伊瓦也將這兩種特徵視為遊戲的本質。

蓋伊瓦認為這世界的每種遊戲都是由上述這項特徵組成，所有的遊戲都能套入這四大分類的矩陣。

原來如此，這麼說來，能稱為遊戲的遊戲一定屬於四大分類的其中一種，或是符合其中一種特徵。

那麼讓我們稍微休息一下。請大家先把本書放在一邊，回想一下你以前很喜歡的遊戲，應該會想到不少小時候的情景吧，你以前很喜歡玩什麼遊戲呢？有可能是一個人玩或是跟一群朋友玩的遊戲，也有可能是在室內或室外玩的遊戲，總之都是會讓你玩到忘記時間的遊戲對吧。

這時候請你回頭看看蓋伊瓦的四大類遊戲，看看你喜歡的遊戲屬於哪一類。

你喜歡的是競爭類的遊戲，還是暈眩類的遊戲？還是說你喜歡運氣類或模擬類的遊戲呢？（沒想到「矇眼打西瓜」或「警察抓小偷」居然完全吻合這四大分類啊）。

請大家邊回想玩遊戲玩到忘了時間的心情，回想一下「模擬類」的遊戲。除了扮家家酒之外，堆積木、祕密基地、變身遊戲、折紙、翻花繩這類將某物想像成某物或是假裝自己是別人的遊戲其實有很多。

	競爭（Agon）	運氣（Alea）	模擬（Mimicry）	暈眩（Ilinx）
遊戲（Paidia）	互相競爭的遊玩（沒有規則）	猜拳決定誰當鬼	小孩子的模仿遊戲	小孩了玩的「低頭轉圈圈」遊戲
↑ 打鬧			幻想遊戲	
吵鬧	運動競技			旋轉木馬
耍笨				
		猜正反面	洋娃娃	盪鞦韆
	拳擊	玩耍	玩具武器	
	撞球	賭一賭		
放風箏		輪盤		在緣日*坐玩具車
落球遊戲			面具	滑雪
撲克牌占卜	擊劍		變裝	
填字遊戲	跳棋			
	足球		話劇	登山
↓	西洋棋	單式樂透		
競技	各種體育競技	複式樂透	才藝表演	
（Ludus）		累積式樂透		空中飛人（馬戲團）

節錄自蓋伊瓦《遊戲與人》（講談社，1971 年）
* 緣日：與神佛結緣的日子，或神佛生卒日、成道日、顯靈日。

【表 1：遊戲的分類】
節錄自蓋伊瓦《遊戲與人》（講談社，1971 年）

這類遊戲就是「你」的類比思考力的源頭。

蓋伊瓦特別重視「模擬」這個分類。他認為「人類的最大誘惑就藏在找出相似物的過程中」，也認為人類會在遊戲過程之中展現「尋找相似物」的本能。

法國社會學家塔德（Gabriel Tarde，一八四三－一九〇四）曾說「社會是透過模仿形成」，而日本室町時代能劇演員世阿彌（一三六三－一四四三）也曾主張「物學（從事物探求真理的學問）是技藝的本質。松岡正剛從這些想法得到啟發後，便在自己創立的雜誌《遊》開設了「相似律」（similarity）特集，透過視覺化的手法介紹全世界的「相似物」。據說松岡正剛為了讓蓋伊瓦看到這個創意，還不遠千里，抱著草稿前往巴黎拜訪蓋伊瓦。

光是發現某物與某物相似這點，就能如施展魔法般地搔動人類的想像力，由此可知，類比思考的能力除了可以解決眼前的問題，更能無止盡地誘發人類潛在的想像力。

松岡正剛曾說「所謂的『相似』是探知某顆行星的鄉愁的訊號」（雜誌《遊》〈一〇〇一相似律特集，一九七八年〉，意思是「相似」不在遠處，而是於我們內心潛藏的特質。

請大家找回孩提時代，再熟悉不過的類比思考，幫助自己打開心中的玩具箱。

【圖 6：相似】

從 4200 公尺的高空看到的科羅拉多河河口與利希滕貝格圖（上）

木紋、玻璃、柏油、大象尾巴、蜘蛛網等等的裂縫（下）

節錄自雜誌《遊》1001 相似律特集

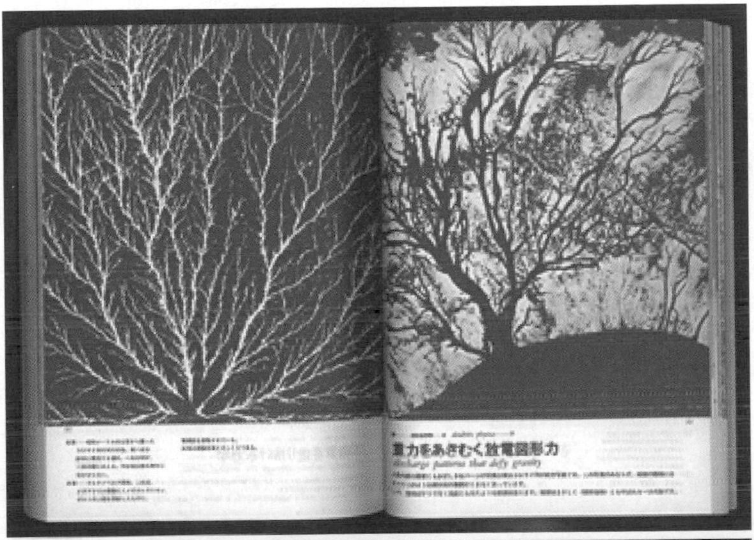

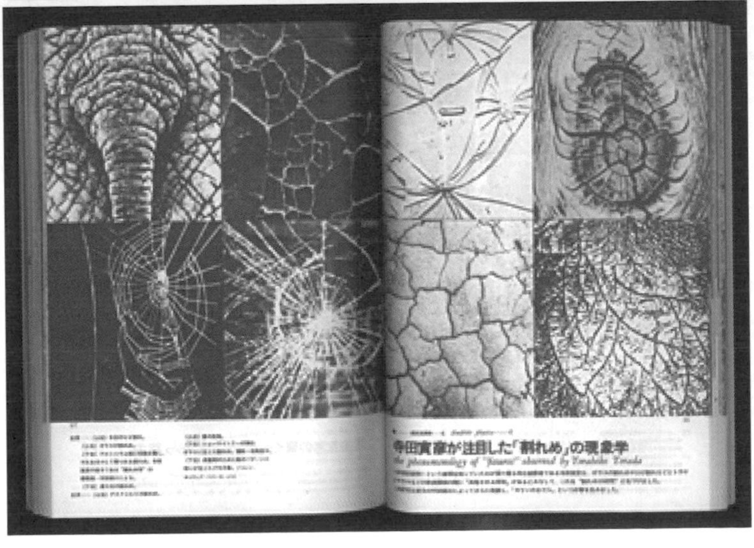

第一步請試著思考「眼前的這個東西與什麼東西相似」（思考即可），並且相信自己想到的東西是對的（沒有人打分數），以及相信潛藏在你內心的想像力（不斷透過ＢＰＴ模型進行挑戰與失敗）。

總有一天，那頭名為「類比」的沉睡雄獅會悄悄地醒來。假設你已經站上這個起點，就讓我們直接奔向推論「偉大假設」的領域吧。

方法
05

「胡亂推測」的建議
突破僵局的「溯因推論」

突破僵局的假說思考：溯因推論法

編輯工學研究院常接到來自各界的各種諮詢，偶爾還會接到一些令人嘆為觀止的「主題」。不管是企業、學校、地方政府、行政機關或是各行各業，每個人都需要「某種突破」。由於這類課題集分析、設計、企業、呈現方式與一身，所以許多人不知道該找廣告公司還是經營顧問公司諮詢，而當他們知道編輯工學研究所的存在之後，便紛紛上門尋求協助。

這些諮詢的內容雖然五花八門，但從編輯工學的觀點來看，這些課題都是「資訊」。

一如「方法01」所述，可先從「在錯綜複雜的『海量資訊』標註標點符號」（→P.43）的部分開始，再朝著課題應有的方向編輯相關的資訊。

大部分的客戶在來到編集工學研究所之前，就已經針對諮詢的內容執行了一些對應的方案，所以與其從零開始詢問相關的情況與擬定對策，還不如直接了當詢問現狀與來龍去脈，直接針對「目前的困擾」或「眼前的障礙」思考對策。

如果從中找出一些「窒礙難行」的部分，可先試著建立有可能突破這些障礙的假說。之後再透過工作驗證假說是否成立，以及一邊修正假說，一邊推動工作。

構思完整的假說具有突破多個「障礙」的特性。有時假說是一種「概念」，有時則是某種理論或視覺效果，不管假說的形式為何，只要是構思完整的假說，都能思路清晰地釐清各種問題，這也是我們的目標。

有多高的機率可以提出涵蓋範圍極高的假說呢？該假說的實用度有多高，效力又能涵蓋多遠呢？將心力集中在建立假說，驗證假說的編輯過程正是編輯工學研究所的專擅之處，但要確認上述這些假說的性質其實不難。

簡單來說，就是確認「想像的漣漪是否會擴散」。

不管是多麼刁鑽複雜的課題，只要能構思突破盲點的假說，之後「靈感」（感觸）就會接二連三地浮現，這些靈感或感觸有時會讓人心驚膽跳，有時候又會讓人驚呼「咦？居然是這樣？」一架構完美的假說往往能在我們心中掀起一波波驚豔的漣漪。

反之，不管客戶的諮詢具有多麼宏大的願景，只要缺了構思完整的假說，這項工作就有可能淪為「缺乏想像力的工作」。

是的，假說就是如此重要，雖然有時是充滿風險的嘗試，有時又是一時間看不見未來，讓人一路走得跌跌撞撞的冒險，但是先建立假說，絕對能讓我們走得又快又遠。

話說回來，「突破障礙」這回事本來就帶有風險，而當我們能與客戶的團隊徹底共享這種承擔風險的感覺，通常終點就形同近在眼前，之後只需要活用之前累積的所有經驗、技能、技巧、知識，一邊修正BPT模型，一邊多方嘗試與修正錯誤，就能一步步邁向終點。

編輯工學研究所將這種工作型態稱為「溯因推論法」，是一種以假說優先，再進行「推論」的工作方式。

不管我們身在何種組織，也不管正在推動哪種專案，我們的想法往往會不知不覺受限於成見或既有的框架。有時我們必須打破框架，重新思考，有時則需要讓自己的觀點來場典範轉移，這時候就必須讓自己的思考邏輯轉換成「假說優先型」。

前面提過，要想自由地在框架之間跳轉，就需要類比思考的能力（→P.63），此時若想定點著陸，跳到特定的框架之中，就應該先「建立假說」再說，而此時需要的技術便是「溯因推論法」。

第三推論的「溯因推論法」的威力

「溯因推論法」是推論法的一種，但「推論」到底是什麼呢？應該是「根據某種事實推論其他事情的過程，或是透過多重推理與推測導出結論的過程」對吧？換言之，就是以已知為前提，透過邏輯思考過程導出未知領域的結論。

推論法與先前提到的類比思考法在構造上極為相似，但最明顯的特徵在於「邏輯思考過程」。一般來說，推論分成「演繹」（deduction）與「歸納」（induction）兩大類，而「溯因推論法」（abduction）則是無法歸於其一的第三推論。由於這種溯因推論是先建立假說、提出問題再進行推論，所以又被稱為「探究式邏輯學」（the logic of inquiry），是美國哲學家暨邏輯學者的查爾斯・桑德斯・珀斯（Charles Sanders Santiago Peirce，一八三九－一九一四）在距今約一百五十年前的時候提出的邏輯學，有時會譯成「假說式推論」或「建立假說」。

「abduction」這個單字還有誘拐、綁架的意思，所以可能有些人會聯想到被宇宙船的外星人拐走的科幻場景，但在邏輯學裡，這個英文單字完全是不同的意思。

「apagoge」是指稱亞里斯多德提倡的假說推論的古希臘詞彙之一，這個單字在流傳至羅馬之際，被譯成拉丁語的「abductio」。

「ab-」這個前綴有「分離」的意思，而「ductio」這個名詞則是從意思為「導出」、「引出」的「duco」衍生，所以「abductio」的意思是「從某物的內部引出或取出某物」，而這個語源可說是溯因推論法的本質。

由於溯因推論法是「從某個現象內部導出假說理論」的技巧，所以可歸類為一步步推導出結論的思考術。

廣為人知的邏輯推論方法有「歸納法」與「演繹法」這兩種，但珀斯卻直言這兩種方法都無法催生新觀念，所有的科學概念都是由溯因推論法所導出的。

所謂的「演繹」是以普遍的事實為前提，再從中導出結論的推論方法。大部分的人應該都聽過下列的三段論法案例：

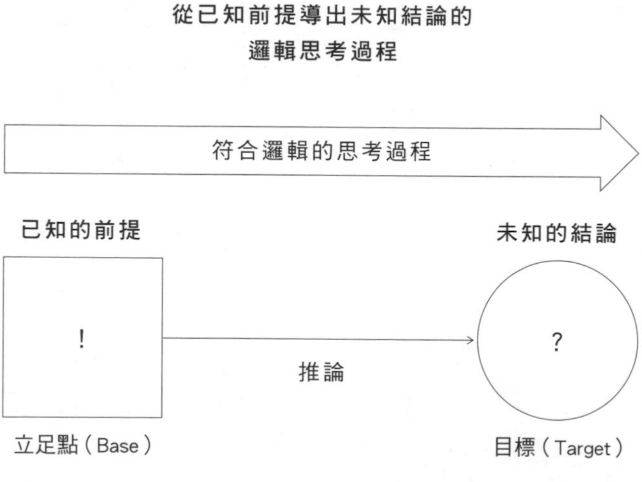

【圖 7：推論是什麼？】

大前提：每個人都會死
小前提：蘇格拉底是人
結論：所以蘇格拉底會死

這種三段論法是以「大前提→小前提→結論」的順序推理，所以能導出具有說服力的結論，但是當大前提的設定錯誤，就會得出錯誤的結論。

比方說，將「每個人都會死」換成「每個人都是貪婪的」又會得到什麼結果呢？蘇格拉底是人，所以蘇格拉底很貪婪？「飢渴的蘇格拉底」到底去了哪裡了呢？

若設定了謬誤的大前提而不修正，就會導出似是而非的結論。所謂的「貼標籤」或「戴著有色眼鏡判斷事情」，通常都是源自這種三段論法。

演繹法是以「預設了某種假說或理論」為前提，所以無法導出超越前提的結論。雖然演繹法很適合用來證明科學或數學這類公理，也常在職場用於討論或說服他人的場合使用，但在「前提」不夠穩固的情況下，很有可能落得一步錯，步步錯的下場。

歸納則是從各種事實、實例找出某種傾向，再將該傾向轉換成結論的推論方法。比方說，「眼前有隻熊正在吃鮭魚，另一隻熊也在吃鮭魚」，所以可導出「熊都會吃鮭魚」的假說。

由於不可能觀察這世界上的每隻熊是否都吃鮭魚，所以這只能算是一種符合概率的結論，但這種方法能導出具有一定精準度的假說，因此很常於不同的場面應用，比方說，最近備受矚目的人工智慧（Artificial Intelligence，ＡＩ）深度學習（機器學習），就是成功應用歸納法的實例之一。

若根據觀察所得的資料找出通則的推論方法為歸納法，那麼溯因推論法就是為了說明觀察所得的資料而建立假說的推論方法，也就是透過「那隻不知名的動物正在吃鮭魚。熊會吃鮭魚，該不會那隻動物是熊的同類？」的流程導出新思維的方法。

歸納法可在「證成脈絡」（the context of justification）之下正常運作。但溯因推論法只有在「發現脈絡」（the context of discovery）之下，才得以發揮。

溯因推論法賦予推論更多的想像空間，而珀斯也提到「人類雖然能近乎愚直地用心觀察各種現象，但只要缺乏想像力，這些現象就無法產生任何合理的相關性」。愛因斯坦（Albert Einstein，一八七九—一九五五）曾提到「不管累積多少經驗，理論都不會從中誕生」。

能否讓觀察所得的現象或經驗與某事某物產生關聯，或是運用想像力模擬前所未見之物呢？溯因推論法就是觸發這種「跳躍式思考」的推論方法。

若缺乏類比思考的能力，也就無法主動發現這位於對角線的相關性。

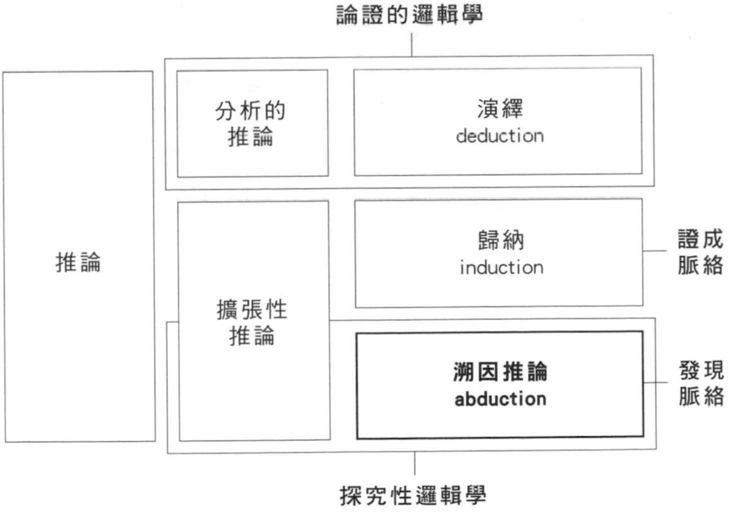

【圖 8：屬於「探究性邏輯學」的溯因推論法】

「溯因推論法」的推論形式：第一步是先「感到驚訝」

該怎麼做，才能應用溯因推論法呢？讓我們先了解溯因推論法的構造。對「某事某物感到驚訝」是溯因推論法的起點。珀斯曾替溯因推論法提出下列公式：

1. 觀察到「某個令人感到驚訝的事實C」
2. 但是當「用於說明該事實的假說H」為真，「事實C」便是再自然不過的現象。
3. 所以也有理由認為「假說H」為真。

這公式聽起來有些複雜，但翻成白話文就是下列這個順序：

1. 覺得「咦？怎麼會這樣？」（令人感到驚訝的事實C）。
2. 若符合「假說H」，就能認同「事實C」。

3. 原來事實C符合「假說H」啊。

珀斯也以下列的實例說明：

在某個內陸地區發現了大量的魚類化石……

1. 某個令人感到驚訝的事實C：咦？為什麼這種地方會有那麼多魚類化石？
2. 用於說明該事實的假說H：假設這一帶原本是海洋，會有魚類化石出土就再自然不過了。
3. 原來如此，說不定在很久以前，這一帶曾是海洋啊。

溯因推論法就是讓我們透過上述的流程，想像前所未見之物的推論方法。珀斯稱這個流程為「透過富有創意的想像力進行跳躍式推測」，而溯因推論法則的潛力則在於能導出暗藏於某個現象的偉大法則。

迷你練習 05

▼請試著於日常生活尋找「令人感到驚訝的事實C」，再試著根據該事實導出「用於說明該事實的假說H」。

比方說，一大早出門發現：

「咦？地面怎麼溼溼的？」（令人感到驚訝的事實C）

「該不會昨天晚上下雨吧？」（用於說明該事實的假說H）

這就是完全符合溯因推論法的例子。

前面提過，珀斯曾直言「所有的科學概念都是由溯因推論法所導出」，但越是大型的典範轉移，溯因推論法於其中扮演的角色也越吃重。

例如，牛頓是從「為什麼蘋果會從樹下掉下來」這個疑問導出「萬有引力法則」。

換言之，牛頓先發現「蘋果會從樹上掉下來」這個「驚人的事實C」，才開始探索背後的真理，而當他導入「引力」這個「說明事實的假說H」，就足以說明蘋果、樹葉或是其他物體都會墜落的事實，於是牛頓開始思考「引力」不僅在地面的物體之間存在，也可能在天體之間運行，才因此建立了足以說明地面與天上各種運動方式的萬有引力法則。

由於當時認為地面與天上的物體運動方式完全無關，所以萬有引力法則也被認為是無比荒唐的假說，但大家都知道，這項發現讓後世的科學有了長足的進步。無與倫比的類比思考之力往往能催生跳躍性的創造（leap），隨之而來的就是所謂的典範轉移。

培養富有創造力的「胡亂推測」

如果牛頓對掉下來的蘋果一點都不驚訝，就沒有後續的探索。為了在凝視自然界或眼前的現象之際，從那一閃而過的靈感之中得到提示，就必須利用有如偵探般的觀察力捕捉那微小的異變、徵兆或有違常理之處，而溯因推論法也將於此時啟動。

在經過充滿「靈感」、「直覺」、「洞察」這些晦暗不明的階段與舉出相關的假說之後，溯因推論法將讓我們的思考更臻成熟，幫助我們挑出最適當的假說。

那麼該怎麼才能得到前述的靈感與直覺呢？珀斯提到靈感與直覺是人類為了適應大自然而與生俱來的能力。

一如剛出生的雛鳥懂邊避開地面的石頭，啄食樹果維生，珀斯也提到選擇適切的問題與假說也是人類與生俱來的本能，但這或許也是只在探索真理之際才會發動的本能。

發揮深藏的潛力（本能），找出蘊藏於某個現象之中的可能性。或許從旁人的角度來看，這些突然浮現的靈感都像是某種「胡亂的猜測」，但是當假說的輪廓逐漸浮現，我們就能判斷該假說是否完整或成立。

在後半段思考漸趨成熟的推論階段裡，該以何種標準篩選假說呢？珀斯認為「架構完整的假說」應該符合下列四個條件：

1. 合理性（plausibility）：能提出最合理的說明
2. 可驗證性（verifiability）：可透過實驗驗證
3. 單純性（simplicity）非常單純的假說
4. 思考的實惠性：能節省時間或能量

架構完整的假說會讓人有種心領神會的感受，也具有（1）在質化與量化之後進行（2）驗證的特性，而且非常單純（3），任誰都能一看就懂，最後還能以最低的時間、金錢與能量驗證（4）。

此時若已具備實際操作編輯工學研究所的溯因推論法的經驗，就能舉一反三，知道架構完整的假說「也能回答其他的疑問」，換言之，「一次就能創造多個切入點」。

可見溯因推論法真的是成本低，又有效率的推論法。

珀斯主張，「溯因推論」是觸發探索與創造流程的觸媒之一，之後則可搭配演繹法與歸納法，讓整個溯因推論的流程不斷地循環。

在介紹類比思考之際提及的「BPT模型」(→P.71）也是處於驅動的狀態。

尤其在腸枯思竭，亟需突破之際，更是不能從頭到尾只依賴「演繹法」與「歸納法」，否則將找不到任何頭緒，更糟的是，我們的想法更有可能因此困在背道而馳的框架或架構。

如果覺得自己正往錯誤的方向思考，不妨重頭來過，讓自己透過溯因推論法回到探索與創造的流程之中。

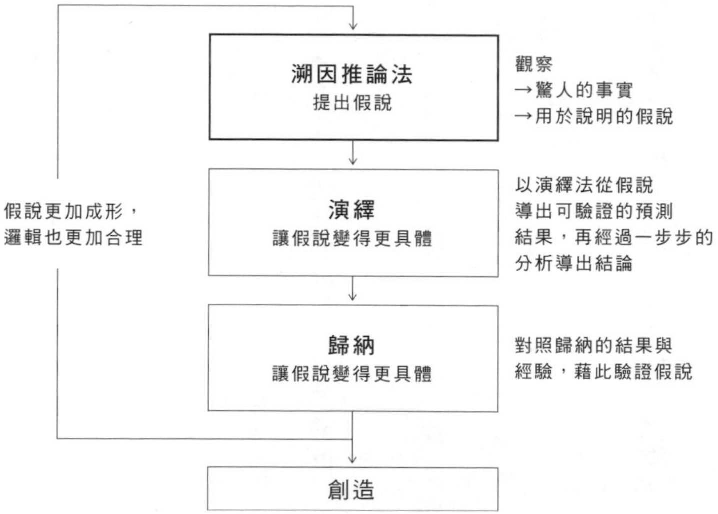

溯因推論法
提出假說
觀察
→驚人的事實
→用於說明的假說
演繹
讓假說變得更具體
以演繹法從假說
導出可驗證的預測
結果，再經過一步步的
分析導出結論
歸納
讓假說變得更具體
對照歸納的結果與
經驗，藉此驗證假說
假說更加成形，
邏輯也更加合理
創造

【圖9：探索與創造的流程】

阻礙溯因推論的因素

雖然溯因推論法一經啟動，便能勢如破竹般導出需要的結論，但有時卻會因為某些環境因素而無法啟動。珀斯特別列出下列四點有礙科學與相關知識發展的「有害思想」。在此介紹由一八九八年珀斯連續演講的內容編撰而成的《連續性的哲學》（暫譯，原書名『連続性の哲学』岩波文庫，二〇〇一年）的摘要：

襲擊知識的四種有害狀態：

- 過度的自信與武斷
- 主張這世上有絕對無從了解的事物
- 認為科學是絕對的，不採納其他的說明
- 誤以為法則或真理是不可改變的

珀斯最討厭的就是「過於武斷」的說法，以及將知識關進象牙塔的舉動，而他也認為以下這句話，應該「刻在哲學之都每條路牆上的命題」：

不可阻塞探索之路

這等於是不容任何事物阻礙溯因推論的流程形成。編輯工學研究所的溯因推論法也效法珀斯的主張，希望早一步將下列這些潛伏在多數組織之中的「主義」挪到路旁，或是為這些組織建立一條能避開下列這些「主義」的彎道。

・常識、自以為是、前例主義
↓成見會讓人錯過「令人驚訝的事實」
・追求正確解答的主義
↓不容許失敗與嘗試，就無法大膽地建立假說
・整合性至上主義

↓只追求眼前的整合性，就無法看到隱藏在背後的偉大法則

由於溯因推論是處理抽象事物以及微小徵兆的流程，所以無法接受過多的干擾，而建立一個不受前述「主義」干擾的安全環境也是應用溯因推論法的關鍵之一。

另一個重點是，要透過溯因推論法找到線索或建立假說，不能只有「思考」，因為任何想法、察覺與發現都有一大部分源自與環境的互動。

如果以為自己能掌控一切，那實在是太自以為是，因為編輯力的一半是與環境「不知不覺」的互動之中培養的。

下一節將介紹讓「類比思考力」與「溯因推論法」乘風而起的「生態心理學的編輯力」。

方法
06

源自脈絡
拿捏平衡的「生態心理學」

「生態心理學」的潛力

某個晴天、某一家人出門踏青。走了一段時間，到了差不多該吃午餐，突然走到一處令人心神開闊，風景優美的地點，也剛好有一塊高度約莫成人腰際的大石頭座落於此。

這時候爸爸說：「就在這裡休息一下吧！」然後就坐到這塊大石頭上，媽媽也將野餐盒排在這塊大石頭的平面上。小孩在石頭攀上跳下，開始玩了起來。狗則像是找到了好地方，抬起一隻腳朝石頭尿尿，旁邊還有幾隻螞蟻正準備往石頭的上方爬。

大家應該已經發現，這塊大石頭同時扮演了多個角色，對吧？

對這家人的爸爸來說，這塊大石頭是椅子；對媽媽則是擺午餐的餐桌；小孩眼中，這塊石頭就像是緊張刺激的遊具；對狗而言，則是搶地盤的路標；對螞蟻來說，石頭是尋找糧食的道路。

雖然是同一塊石頭，但不同的行為主體會賦予它不同的「意義」。

美國心理學家詹姆斯·吉布森（James Gibson，一九〇四—一九七九）將這種透過行為從環境發掘的「意義」命名為「環境賦使」（affordance，或譯生態心理學）。affordance 是吉布森自創的詞，是從 afford（賦予）這個動詞轉換而來的名詞，意思是「環境賦予動物的意義與價值」。

故事之中的大石頭賦予想要休息一下的父親「坐下來」的意義，也賦予鋪排便當的母親「放置物品」的意義，換個角度來說，這塊大石頭具有「坐下來」或「放置物品」這類「環境賦使的意義」，此外，這塊「高度約莫成人腰際高度的大岩石」之於想玩耍的小孩有

「攀爬」的意義，對狗有「撒尿」的意義，對於螞蟻則有「移動」的意義。

除了前述的大自然之外，環繞在我們身邊的任何事物都有這類「環境賦使的意義」，像是原子筆有「握」的意義、電燈開關有「按」的意義、衛生紙友「抽」的意義、茶杯的把手則賦予了「拿」的意義。

這意味著我們身邊充斥著這些「環境賦使的意義」，也基於這些意義認知一切與採取行動。

一切都是大腦的絕技嗎？

近代的傳統認知模型認為人類的大腦能完全處理所謂的「意義」，也認為來自視覺、聽覺、觸覺這類感官的資訊會被大腦轉換成「意義」。

這種理論源自十七世紀法國哲學家笛卡兒（René Descartes，一五九六—一六五〇）。以一句「我思故我在」聲名大噪的笛卡兒，曾提出將精神與身體視為不同實體的「身心二元論」。這個理論將世界一分為二，一邊是屬於客觀事實的世界，一邊是人類生存「價值」的世界。現代的醫學或科技，都受到這個二元論建構的西方世界觀所規範，而這種二元論也是讓理性脫離生理或環境的束縛，以及透過知識或邏輯認知與控制大自然或世界的觀點。

從感官接收「輸入的資訊」（刺激），再由「中樞」（大腦）處理這些資訊以及對身體發號施令，進而輸出結果（行為）的機械式觀點讓科學、醫療與科技得以不斷進化至此，但前述的人工智慧遇到的「框架問題」也明白指出笛卡兒這種世界觀的極限。

吉布森（James Gibson）很早就察覺，這種傳統的認知模型有決定性的缺陷。假設生物透過感官接收到的刺激毫無「意義」，而被視為中樞與內心的大腦卻將這種刺激轉換成某種不特定的意義，那麼我們豈不是只能「間接地」接收「意義」嗎？所以吉布森才認為這種認知模型有問題。

將一切怪罪於大腦活動的「刺激＋中樞」的傳統模型不足以說明生物與周遭環境的

關係。

吉布森認為大腦不會將一切轉換成「意義」或「價值」，而是「意義」早就潛藏在環境之中，動物只是利用這些意義而已。

所以吉布森認為該討論的應該是「環境與生物之間會迸出何種火花」，而不是探討「生物的內部發生什麼事」。這世界本來就充斥著各種「意義」，所謂的「認知」不過是發掘這些意義的行為而已。

有鑑於由中樞處理源自環境的刺激，以及賦予這些刺激「意義」的「資訊處理」理論，吉布森提出了另一個能直接應用這些刺激或意義的認知模型，也就是所謂的「資訊篩選」理論。

迷你練習 06
▼「鉛筆」有哪些「環境賦使的意義」？除了「拿握」與「書寫」之外，你還會不假思索地用「鉛筆做哪些事」？ 可試著在上課的時候想想看這個問題。

在看到大石頭之後，不管是想坐上去休息的父親，還是想放便當的母親，或想爬上去玩的小孩，這些行為主體（這家人）一與環境（大石頭）接觸，便產生了所謂的「意義」。當主體的探索感測器與大石頭提供的功能一接觸，想休息、想放便當、想爬上去玩，想抬起單腳在上面撒尿這類由環境賦使的「意義」便因此形成。

我們的行為並非僵化的直覺反應，但也不是亂搞一通的嘗試，然而這些行為本來就沒有任何劇本與手冊可依循，只有當我們與環境產生互動，才能找到蘊藏於這些行為的創造性。

吉布森的生態心理學（Ecological Psychchlogy）

到底「化感知為可能是什麼意思」？若換個方式問，就是「生物到底如何了解這個世界？」這也是吉布森窮盡一生探索的問題。

於美國普林斯頓大學哲學系專研心理學的吉布森遇到了視德國心理學界為正宗的「格式塔心理學」（Gestalt Psychology，另稱完形心理學）。

不知道大家是否有過一直盯著某個文字，結果突然覺得「咦，這是什麼字？」的經驗？這種現象稱為「語義飽和」（或稱完形崩壞），而語義飽和 Gestaltzerfall 的 Gestalt，就是格式塔心理學的 Gestalt。這種學說認為人類的知覺並非由個別的感覺揉和而成，而是根據整體架構的格式塔形成，之所以能將線的集合體解讀為文字，或是將連續的聲音判讀為旋律，都是因為有這個格式塔。

格式塔心理學主張「知覺不只是感官的刺激」，而這種主張也間接挑戰了近代以來的傳統知覺研究。吉布森為了解開形同一片迷霧的知覺，便以格式塔心理學為起點，進一步擴張了「刺激」的單位。促使他進行這種研究的是他於第二次世界大戰參加了空軍的知覺研究專案。

在參加這次專案時，吉布森發現飛行員居然能在沒有計時器的情況下，只憑自身知覺完成技術門檻極高的特技飛行。飛行員的實地訓練是無法根據肉眼的生理機能以及空間感的測試預測成效的，換言之，只憑飛行員在知覺方面的表現是無法說明訓練內容，因此吉布森認為飛行員的知覺是源自眼前的「地面」，他認為地面有「紋路」（材質），而飛行員是透過紋路的模樣感受距離與深度。

吉布森為了解開視覺的祕訣，想到了說明面與面的關係的配置方式是關鍵，他認為人類必須透過多個面才能判讀遠近感與深度，無法只憑單一的面進行判讀。

此外，他也發現知覺的另一個重點不是「形狀」，而是形狀在運動之中的「變形」。比方說，如果毛玻璃上的人影靜止不動，沒人知道站在對面的人是誰，但只要這個人影一動，就會知道「啊，原來是那個人啊」。

飛行員就是透過這種面的「關係」（配置）與運動之際產生的「變化」進行高階的感知與判斷。

吉布森認為，生物可感知的元素包含物質（個體）、媒介（空氣）、面（地面或物體的表面）、配置方式、事件（動態），也曾提到「環境賦使的意義就是由這些真實世界的事物所組成」，所以才會假設在這個時而穩定，時而變化的環境之中，潛藏著無限的意義。

誰都能使用這個環境賦使的意義，而吉布森則將這點稱為「公共性」。

傳統知覺論定義的「意義」是只屬於私人的，是當事人的「私有物」，然後吉布森卻將這種「意義」重新定義為任何生物都能存取的「公共資源」。

而且不同的生物或不同的人所感知到的「意義」都是不同的，因此，環境之中的所有事物都具有「無限」的意義，必須透過互動才能發現這些由環境賦使的意義。所謂的知覺，也就是找出藏於「變化」之中的「不變」。

這套環境賦使理論被稱為「生態心理學」（Ecological Psychology），也發展成全新的心理學理論。

環境界與環境賦使

一如吉布森所述，任何生物都有自己的「小天地」，不僅會從這個「小天地」汲取意義，也會透過一些行為賦予這片「小天地」意義。

我們是透過這片「小天地」與身為行為主體、知覺主體的感覺認識世界。

那麼這片「小天地」會只有一個嗎？我們眼中的世界與螞蟻眼中的世界能說是同一個世界嗎？

德國動物行為學家雅各・馮・魏克斯庫爾（Jakob von Uexküll，一八六四—一九四四）

認為每種生物認知的環境並不相同，所以每種生物自行建構的世界與環境也有無數種。

馮・魏克斯庫爾將這種世界命名為「環境界」（Umwelt）。Um是「周圍」的意思，welt則是「世界」的意思，組合起來就是環繞著生物周遭的世界。其實「普遍而客觀的環境」本來就不存在，生物都是主觀地解釋身邊的事物，並且透過不同的知覺建構自己的環境界。不管是蝴蝶、蒼蠅還是狗，都有自己的知覺世界（Merkwelt）與效果世界（Wirkwelt），而當這些世界併連成完整的個體，便是馮・魏克斯庫爾所說的「環境界」。

【圖10】是馮・魏克斯庫爾與喬治・克里薩特（Georg Kriszat）合著的《生物眼中的世界》（*Streifzüge durch die Umwelten von Tieren und Menschen - Ein Bilderbuch unsichtbarer Welten. Bedeutungslehre*，日文譯本『生物から見た世界』，岩波文庫，岩波書店，二〇〇五年）收錄的插畫。

①是蜜蜂身處的環境（【圖10】左）與蜜蜂的環境界（【圖10】右）的對比。在蜜蜂眼中，只有呈十字或星狀綻放的花朵才有意義，葉子、花莖、花蕾都毫無意義。

②的三張圖分別是身處相同房間的人、狗、蒼蠅的環境界。馮・魏克斯庫爾提出了

①蜜蜂身處的環境（左圖）與蜜蜂的周圍世界（右）
（《生物眼中的世界》）

人類眼中的房間　狗眼中的房間　蒼蠅眼中的房間

②人類、狗、蒼蠅的環境界
（馮・魏克斯庫爾、庫里薩特《生物眼中的世界》）

【圖 10：生物眼中的世界】

「Ton」這個概念。這個概念與吉布森提出的「環境賦使」很相似，「效果Ton」則可激發動物的行為。他認為在人類認知的房間裡有不同的Ton，例如椅子有座位的Ton，餐具有用餐的Ton，地板有步行的Ton，書櫃有讀書的Ton，而在狗認知的房間之中，除了用餐與座位的Ton之外，其他全是障礙物的Ton，對於蒼蠅而言，除了電燈與桌上的東西之外，其餘的事物只有步行的Ton。

因此，馮．魏克斯庫爾才認為動物眼中的世界都不同，每種動物都對這個世界有自己的解釋。

還記得小女剛滿三歲時，發生了一件讓我突然感受到這個「環境界」的小事。那是在某天我們全家出門兜風，把車停在山路旁邊的停車場，準備上廁所發生的事情。

我看到小女站在原地不動之後，跟她說「快去上廁所呀！」這時發現小女正一臉喜滋滋地看著地面喃喃自語。問她「怎麼了？」她指著地上說：「雨神爺爺好會畫畫喲！」要我趕快看地上。

「看哪裡？」即使我用力看，也找不到任何像畫的地方。「雨神爺爺？」「畫畫？」滿腹狐疑的我一望向小女，才發現她一邊拍著手，一邊輪流望向前方的富士山與地面。

當我仔細一看才發現，雨水從樹上滴到地面後，恰恰形成一個很像富士山的三角形，而這個三角形旁邊則有背後的路標形成的陰影，這個陰影也很像是匾額的四角形。

下個瞬間，一幅畫在地面的水墨富士山便於我眼前浮現。「原來如此，這就是雨神爺爺畫的畫嗎？」恍然大悟的我，在小女身邊蹲下，一時間對這幅大自然操刀的畫作看得入迷。

原來在小女的眼中，世界是這個樣子啊？我一邊看著拍手讚嘆「雨神爺爺」的女兒，一邊想起馮．魏克斯庫爾提出的「環境界」。「這世界真是充斥著各種意義啊」這股敬畏之情也與山上的清透空氣，一同流入我的心中。

對於正在找廁所的我來說，被雨水淋溼的停車場地面只有「剛剛下過雨」的資訊，但對小女來說，停車站的廁所標誌、「停車再行」的路標都只是風景的一部分。

一如馮．魏克斯庫爾所述，各種生物會有不同的環境界之外，即使同為人類，即使是親子，也生活在不同的環境界裡，而當我們在因緣巧合之下轉動了通往另一個環境界的旋轉門，才能看見另一個環境界的景色。

我認為這種現象會在世界的任何一個角落發生，不管是在學校還是公司，也不管是在哪個國家，甚至在地球與人類之間，隨時都會發生這種現象。

我們總是將自己眼中的風景當成現實世界看待，藉此巧妙地躲開不必要的混亂，而這種特性或許是一種在認知上的防禦本能，能讓我們避免自己被捲入這世界的複雜。

但是當這種觀念根深蒂固，有時反而會作繭自縛。在能夠透過智慧型手機隨心所欲攝取大量「資訊」的現代，每個人那虛擬的環境界將變得過於僵化，或許這也導致人類曝露在前所未見的危機之中。

若從吉布森或馮・魏克斯庫爾的觀點來看，圍繞在我們身邊的世界會隨著認知而變形之餘，還會互相交疊出不同的意義。只要稍微調整視點的角度，就能察覺存在於他處的全新世界。

將大石頭看成跳台的孩子以及在大石頭表面移動的螞蟻擁有完全不同的環境界，而且這兩個環境界也是比肩並存的事實。

不管耗費多少時間，也不管走了多遠，我們最終都無法徹底了解世界。只在行為與變化之間誕生的「意義」與無法同時認知的平行世界也於每個角落存在。

馮・魏克斯庫爾在《生物眼中的世界》一書的最後，舉出各領域研究者的環境界，還做出了下列的結論：

> 在各種自然研究者的環境界之中，做為客體的自然扮演著極為矛盾的角色。若想總結這些環境界的客觀特性，只會得到一片混沌。但即使如此，這種多元的環境界會在與其他的環境界隔離之下擴張，而由此誕生的世界背後，則藏著我們永遠無法徹底了解的自然。

現在整個地球似乎渴望著「想像他者的力量」，但我們也能憑藉著想像力感受這世界無窮無盡的豐富。環境賦使與環境界這類觀點就像是虛擬實境（Virtual Reality，VR）眼鏡一般，能讓我們從另一個角度觀察環繞在我們身邊的世界，一窺這豐富的世界的另一種樣貌。

編輯力的核心引擎

在編輯工學之中，發現相關性的原動力的「類比」，以及大膽建立假說的「溯因推論」，與靈活地重新審視自己與世界的關係的「環境賦使」被稱為「3A」，編輯工學也非常重視這三個部分，因為只有這三個「A」連環發動，編輯力才得以慢慢活化。

讓突然其來的靈感與事件昇華的點子，激發好奇心與突破障礙的探索力，許多人以為這些想像力與創意是少數人才擁有的天賦。

但其實並非如此。我們都擁有這種天賦，而且就某種意義而言，這種天賦早就存在於這世界，只是等待我們去發掘而已。不管是誰都能發掘，而且能於世界的任何一個角落找到，沒有任何例外。

不過，這種被譽為天分的想像力往往受限於各種社會規範。

前面提到的３Ａ就像是望遠鏡、跳台、梯子或是繩索，能幫助我們一點一滴擺脫這些規範，讓我們逃脫長期束縛著我們的「常識」與「前提」。

前述的３Ａ也是編輯與思考的核心，類比、溯因推論、環境賦使的技能與世界觀將成為讓想像力湧泉而出的幫浦，驅動於每個角落存在的微小創造力。

方法
07

找到原型
重新審視每個前提的「原位思考」

「忘卻所學」這個難題

You must unlearn what you have learned.（你必須忘卻所學。）

在《星際大戰五部曲：帝國大反擊》某個場面裡，尤達大師（Master Yoda）對著正在修習原力（the Force），卻頻頻抱怨「怎麼可能做得到」的路克說了上述這句台詞，意思是要把「所學」（learn）「丟掉」，而日本字幕是譯成「放下成見」。其實要把學會的東西忘掉是件非常困難的事。

最近有許多場合都強調「忘卻所學」的必要性。自以為是往往有礙學習。之所以「忘卻所學」會被如此強調，或許是因為許多人注意到「不擺脫舊時代的價值觀或方法論就無法存活」這個切身問題，但不管如何，許多人的確意識到，我們正站在時代的轉換點。

之前介紹「框架」與「架構」的時候曾提到「當我們能自由地跳脫既有的認知框架，就能從框架外側認清勒住我們脖子的『成見』。」（→ P.65）所謂的「忘卻所學」（或稱反學習）則是跳脫自行建構的「框架」，重新建構新世界的行為。

在西元前五百年前後，曾有一個全人類一起忘卻所學的時代。於這個時代一起在地球亮相的有中國的諸子百家、印度的佛陀、伊朗的瑣羅亞斯德、希臘的蘇格拉底、柏拉圖，這些充滿知性的人物在世界各地提倡哲學或創辦宗教，形塑了後世人類的精神生活。德國哲學家雅斯培（Karl Theodor Jaspers，一八八三—一九六九）將這個時代稱為「軸心時代」，也認為這是人類歷史的轉捩點，也是全人類一同覺醒，一同思考「每個人該如何活下去」這個問題的時代。

現代人的我們理所當然覺得每個人都是「獨立的個體」，但在過去的歷史裡，所謂的宗教或思想往往都為了國王或皇帝量身打造。從透過神話認知世界轉型為認知自我的現象，在當時從歐亞大陸往外大幅擴散，也為人類的文明史新增了一大篇章。

至於為什麼全世界會突然遍地開花，處處出現所謂的「覺醒」則眾說紛紜，雅斯佩斯也提出了自己的見解。有些人認為是因為當時各據山頭的小國家與小都市之間的鬥爭越演越烈，進而有人提出質疑，另有一說認為突如其來且範圍極廣的繁榮促使人們反思眼前的變化，也有人認為是因為文字與貨幣的出現，導致人們與眾神的關係疏遠。

直到現在，都還有人斷斷續續地討論著上述的假說，但不管理由為何，以上述的觀點爬梳歷史，為後世人類提出思考的根源，本身就是一件非常有意義的事。雅斯佩斯透過「軸心時代」這個概念統整了東西雙方的知性根源，也促成人們忘卻奠基於基督教的西洋史觀。

《空性的思想史 從原始佛教到近代日本》（立川武藏，講談社學術文庫，講談社，二〇〇三年）這本書提到在「軸心時代」登場的偉人都有「自我否定」這個共通之處，也認為佛教的「空性」思想源自這「自我否定」的思潮，同時透過「空性」的變貌，一氣呵成地介紹每個時代。

「放空」之後的「反學習」

「空性」的英文是「void」，意思是「無一物」、「空蕩蕩」。這原本是梵語「śūnya」的譯詞，而這個梵語的意思是沒有內在，而且連裝內在的容器都沒有，也就是「一切皆無」的狀態。以本書的觀點來看，「空性」不只是一種狀態，更會透過行為呈現。

空性思想不只是一切皆無的概念，更是在否定一切之後，某物將會甦醒的主張。於否定之後出現的肯定是空性思想的所求，也是空性思想所要實踐的內容。

目標並不是「無」或「清空」，而是抓住在放空之後油然而生的思想。若將尤達大師所說的「Unlearn」與「放空」這個行為對照，就會明白是怎麼一回事。

日本哲學家鶴見俊輔（一九二二—二〇一五）將「Unlearn」譯為「反學習」，十幾年前，在《朝日新聞》讀到鶴見俊輔先生的「重新學習」一文，著實令我印象深刻，也一直留在我內心的某個角落，我有時還會再三反芻一番：

> 戰前，我在紐約遇見了海倫．凱勒。當她知道我是個大學生之後，便告訴我「你雖然在大學學了很多東西，但之後還有很多東西要重新學習」。學習之後是反學習。我雖然是第一次聽到「反學習」一詞，卻立刻了解箇中意義，腦中立刻浮現依照版樣編好毛衣後，再將毛衣拆成原本的毛線，然後再編成一件合身的毛衣的景象。在大學吸收知識固然重要，但只是記住這些知識是沒用的，只有經過反學習的過程，這些知識才會成為自己的血肉，為己所用。
>
> ——二〇〇六年十二月二十七日《朝日新聞》晨報

鶴見俊輔所說的「反學習」（unlearn）似乎不只是擺脫成見，而是重新編排所學的知識，直到能得心應手地應用這些知識為止，整個過程不需捨棄、破壞或覆寫原有的知識，但需要專心地拆解原有的知識，然後再開始應用這些知識。只有透過這個重新拆解與組合的過程，才能了解過去所學的內容。

在人才培育或組織論的世界裡，「反學習」常被稱為「廢棄所學」，但我實在不大喜歡這種說法，因為「廢棄」有「丟棄某物之後，不再回顧」的語氣，可是我們人類很難像電腦重開機一樣，讓過去所學重新來過，過去所學也沒那麼容易說丟就丟，所以不管擁有哪些資訊、知識或經驗，只需要先拆解過去累積的一切，再將這一切當成重新學習的素材即可。我從鶴見俊輔所譯的「反學習」一詞，感受到人類的想像力以及對理性那股難以言喻的信賴感。

拆解與重新組合之後浮現的東西，放空之後浮現的東西，當我們透過這個流程學習，未知的才能方得開花結果。

那麼該如何踏上「放空」與「反學習」這條道路呢？

前提是懷疑前提：「原位」思考的心法

要想「反學習」，就必須對目前身處之地、依憑的語境與手邊的知識抱持懷疑，也就是懷疑「原本覺得理所當然的事情」，或是「這些理所當然真的那麼理所當然嗎？」找回客觀檢視自己的態度是反學習的第一步。下一步則是讓思想的「框架」、「架構」進行前述的「換乘、汰換、換裝」(→P.56)。換句話說，這就是以全新的觀點重新解讀原有的知識集合與想像區塊，再重新編輯這些知識與想像的流程。

類比思考與溯因推論則是啟動上述流程所需的「道具」。接著要介紹的是彷彿像在吟誦某種咒語般，一直將「原本……」、「話說回來」這類詞掛在嘴邊的思考流程，這也是啟動前述流程的觸媒，讓我們試著問「話說回來，那個原本是……？」讓自己從既有的框架抽離。

這種反問「原本是……」的方法大致有兩大方向，一種是「抬高視線」，另一種是「挖掘腳邊」。

「抬高視線」的方向也可解釋成重新看待目的的方向。

不知道大家是否聽過伊索寓言的「三位砌磚工人」的故事？

這個故事經過濃縮之後，大概是下列的內容。有位旅人在旅途中遇到三位砌磚工人。他問這些工人在做什麼後，第一位工人回答「我正在砌磚」，第二位工人回答「我正在蓋牆壁」，第三位工人則回答「我正在蓋大教堂」。（想知道故事細節的讀者可搜尋「伊索寓言三個砌磚工人」。）

這個故事很常被當成說明「即使是同一件工作，不同的解讀會有不同的意義」的題材，但在此要請大家將注意力放在「手段」與「目的」。從第三位工人的角度來看，砌磚不過是達成「建築富麗堂皇的大教堂」這個目的的手段，對第一位工人來說，砌磚這件工作本身就是目的，而這種「手段目的化」的問題也常於各個領域出現。

不斷反問自己「這項工作的目的為何？」「為什麼要思考這個問題？」就能重新解讀現有的手段與目的。若以編輯工學的角度來說，就是能擴張資訊的「地」，這是一種重新解讀工作的脈絡（或稱「地」、「分母」），再一步步擴張工作意義的方法。

「話說回來，為什麼要砌磚」？一邊思考這個問題，一邊透過「作業」讓資訊的「地」一階階擴張成「目的」與「意義」，就是前述的「抬高視線」的流程。

如果連同下列的內容一起介紹，很容易讓人聯想到近似清談的精神論，但如果將上述的流程視為解讀資訊的方法之一，之後便能利用這種方法解讀資訊。

另一種「挖掘腳邊」的方向，也就是尋找根源為原型的方法。不斷反問「原本這個是什麼？」「原本這是從何而

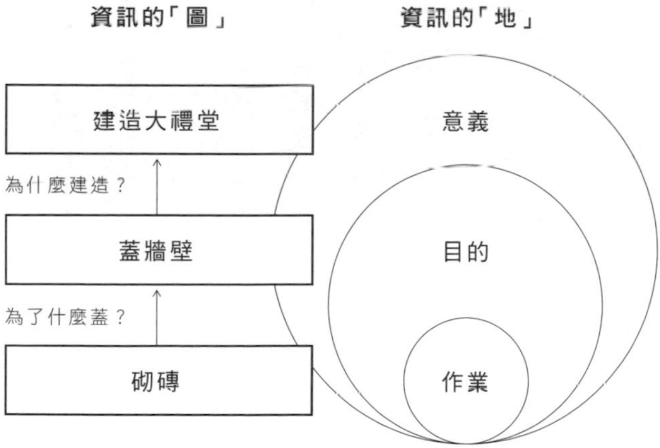

【圖 11：重新解讀手段與目的】

來的東西？」「金錢是什麼？」「工作是怎麼一回事？」藉由這種追根溯源的方式重新看待事物的本質。

比起透過內省「抬高視線」的方向，編輯工學更推薦爬梳歷史，「挖掘腳邊」的方向。說到底前者與當事人內在的價值觀有關，若是順利，的確能培養洞察本質的觀點，但終點通常是可預測的。

之所以許多公司的企業理念會如此相似，或許就是因為大多採用這種「透過內省抬高視線」的方法。越是想要提出與眾不同的企業理念，就越是容易陷入左右為難的僵局，而這也是常於制定企業理念的場合見到的情況，不禁讓人有某種既視感。

從身邊出發，再從歷史挖掘線索，有助於更戲劇性地轉換觀點，以及發現更接近本質的課題。

為什麼我們身邊會有線索呢？任何事物或概念都有其「脈絡」，而這類脈絡則蘊藏著經年累月形成的文化與風俗習慣。

若能以全觀的視點認知這類脈絡與相關的文化或風俗習慣，就能從中汲取栩栩如生的想像。就像斷了線的風箏無法順利乘著風飛行，又如從大地摘下的花朵終有一天會枯萎，離開文化與風土的想像也將不再鮮活如昔。

洞察事物本質的「概要圖原型：3type」

要解讀「意義的脈絡」，直擊原型的思考模式可說是一項利器。編輯工學有一種「概要圖原型」的思考方法，常以這種方法同時從不同的角度解讀資訊。「概要圖原型」共有「典型」(stereotype)、「類型」(prototype)、「原型」(archetype) 這三種模型，所以也稱為「3type」。剛剛挖掘腳邊的方向屬於「原型」，就尋找事物的本質而言，這種方法算是特別受到重視。

該反學習的知識通常都很難察覺，也很難以語言描述，不過前述的「概要圖原型」卻能幫助我們掌握這種難以言喻的「印象」或「感覺」。

這三種模型的概要如下：

典型：特定事物或人物的模型
類型：屬於普遍概念的模型
原型：藏於文化或語境的模型

比方說，若將「咖啡廳」形容成「可以喝咖啡，裝潢很時髦的店」，就屬於「類型」的說明，這有點像是說明「咖啡廳是什麼」的概念。

若形容成類似「星巴克的店」，就屬於「典型」的說明，想像成突然想到的象徵或經典即可。

「原型」則是潛藏於我們的意識、記憶或文化的原型性。雖然這是一種似有還無的想像，但分享這種原型，就能促使社群的文化誕生。那麼「咖啡廳」的「原型」是什麼呢？除了是「休憩之處」，最近還有「工作空間」這類概念。

迷你練習 07

▼「請想想看「偶像」的典型、類型與原型是什麼？

原型有可能會隨著典型與類型的答案而改變。

每個人認知的典型（stereo type）、類型與原型都是不同的。若問咖啡廳與偶像的原型是什麼，答案不會是歷史上的事實，而是會讓人大呼「原來如此」或「對，對，就是那個」的共識。

我們身邊的每一種事物不一定都以語言或數值定義，而是以前述的概要圖

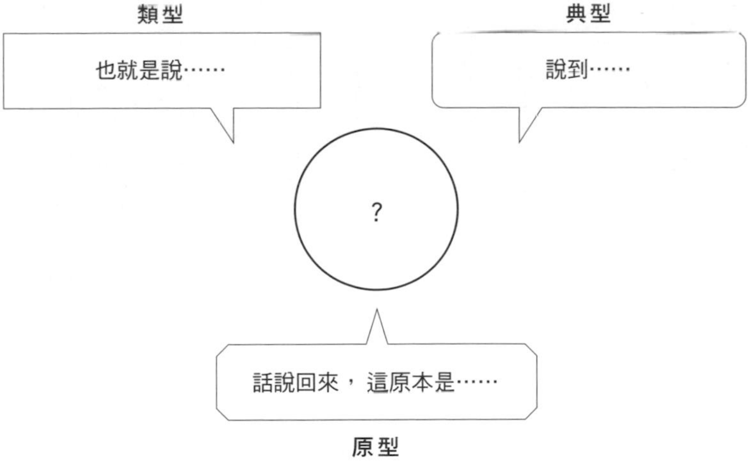

【圖 12：概要圖三種原型】

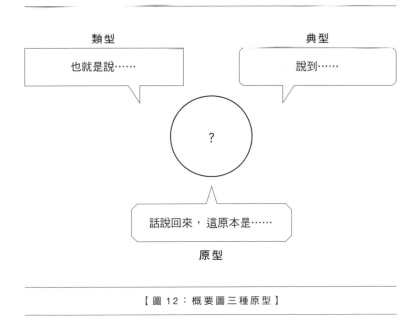

原型的各種模型認識與溝通。

原型的逆襲

在日常生活之中，我們總是不自覺地以「典型」理解事物。所謂的「典型」已於社會表層氾濫，位於社會深層的原生文化與語境，也一步步被趕到更深層的位置。如今「普羅大眾」的聲音已能透過社群網路大肆傳播，所以任何價值都會被快速商品化，而在這個資訊氾濫的時代裡，商品化的速度也將一日千里。

編輯工學之所以格外重視「原型」，是因為我們覺得對抗這股潮流是最能能接近事物本質或原有價值的手段。

《麵包與馬戲團：社會衰退的大眾文化論》（暫譯，*Bread and Circuses: Theories of Mass Culture As Social Decay*）一書，作者派崔克・布林格（Patrick Brantlinger）為我們整理了西

方知識分子的大眾文化論，書中將古羅馬熱愛的麵包與馬戲團視為美國大眾文化的象徵，再從中探討力抗大眾文化的「最佳稀有性」為何物。

過去為人類所認知的力量只有「神話之力」、「家庭之力」、「權力」，但到了近代之後，又多了「科技與生產力」、「大眾媒體與大眾文化」與「大眾心理」，而這三個新力量也推動了「否定稀有性」的浪潮。松岡正剛於千夜千冊（第五六六夜）介紹這本書之餘，還透過概要圖原型的三類型說明現代社會的危機：

誰都知道大眾媒體會「造神」，卻沒注意到大眾媒體還不斷量產與社會價值有關的「典型」。

若問一味地產出「典型」有什麼問題，那就是我們將無法一窺位於深處的類型，更遑論一見位於更深層的原型。

比方說，「服飾店」與「手機」已成為社會的典型，每個地方都有類似的東西。雖說這種情況無傷大雅，但是當社會充斥著商店或手機這些屬於典型的符號，將不會有人在意商店與電話的類型，也不會再有人反思「商店的本質是什麼」或「電話的本質是什麼」，它們的歷史也將被遺忘。
一旦大眾心理主導社會的一切，於我們的歷史與文化蘊藏的原型將只會是大眾心理選擇的流行象徵。
這就是讓古羅馬帝國、納粹與ＦＩＦＡ陷入危機的《麵包與馬戲團》現象，卻沒有人覺得這種現象很危險。

這本書是於一九八〇年代寫成，千夜千冊則是於二〇〇二年完稿，但令人驚訝的是，這兩本書同時言中了現代的情況。

我們必須透過強而有力的「反學習」解讀現狀，從中找出獨一無二的新價值，瓦解佈滿社會表面的「典型」，重新探討「類型為何物」這個問題，再進一步挖出藏於社會深處那似有若無卻又似曾相識的「原型」。

我們從何處來？

編輯工學研究所將根據前述概念創造價值的手法稱為「根源編輯（Roots Editing），一直以來都與企業、在地人士、團體一同提出「我們是什麼人？」這個問題，藉此推動各種創造新未來的專案。

「根源編輯」是一種回顧歷史，於當下進行反學習與開創未來，同時觸及「根源／原型」的編輯方法。

「我們從何處來？我們是誰？我們向何處去？」

高更（一八四八—一九〇三）寄託於畫作標題的問題，肯定藏在每個人心中的某個角落。

正因為我們心中都有「存在」這個大哉問，所以才能在這個不確定又不透明的時代走自己的路。為了不被在眼前急速穿梭的雜訊所惑，找出自己該走的路，我們的手中都需要有一個屬於原型的羅盤，讓我們隨時可以反問自己「我們從何處來？又向何處去」。

這麼做不僅是為了遠大的理想，更是讓我們在某個瞬間想起自己的存在，事物的起源也隨時準備提醒我們這一切。

寺山修司（一九三五—一九八三）有一句俳句是這樣的：

「書從冬天的掌心開闔而來」

這是朝著冬天凍僵的雙手吐氣嗎？是在雙手開闔之間聯想到書籍嗎？或許寺山修司是在想「為什麼書會是這個形狀」。這是一句以自己於此時此地的身體遙想書物起源的美麗俳句。即使是那遙不可及的時間，我們的想像力也能瞬間將那段時間拉至「此時此地」。

建議大家將「尋找原型」、「反問本質」、「追根溯源」當成在自己耳畔輕輕提醒自己是誰的護身符，隨時帶在身上。

尤達大師所說的「You must unlearn wat you have learned.」其實是自我覺醒之意。

我們在長大成人的過程中，會學會各式各樣的規範，也為了社會化而大量學習，但是於孩提時期保有的想像力卻很可能在不知不覺之中折翼。或許大家會覺得滿是成見的內心沒有半點足以讓想像力展翅的空間，但事實真是如此嗎？

每個人的內心應該都還有讓想像力盡情展翅的空間，所以首先要做的就是將視線轉向環境賦使的意義（affordance），以及每個人

【圖 13：「我們從何處來？我們是誰？我們向何處去？」（D'où venons-nous? Que sommes-nous? Où allons-nous?）】

高更（Eugène Henri Paul Gauguin）（波士頓美術館珍藏）

都有的想像力（analogy）與直覺（abduction），之後再試著瓦解所謂的「典型」，以及與各種「原型」相遇，感受於時間洪流浮遊的「自己」有多麼渺小與不真實，如此一來，你的潛力將如同從隙縫之中鑽出的新芽般嶄露頭角。

一如春天有春天的本質，當你能走出自己的路，想像力的翅膀也將緩緩張開。

不過，何為「走出自己的路」仍是相當棘手的問題。到底什麼是「自我本質」呢？

方法
08

將注意力放在「本質」

將無形之物轉換成「價值」

「像〇〇的樣子」的價值

「像〇〇的樣子」到底是什麼意思？其實就算不問「自我本質」這個複雜的問題，我們身邊早就充斥著各式的「刻板形象」。

比方說「像孩子的樣子」、「像Apple的樣子」、「像鈴木一朗那樣」，但此時的「像〇〇樣子」到底是在說什麼呢？「像大叔的樣子」、「像熱帶國家的樣子」、「像昭和時代的樣子」又是在指什麼？

「很不像你」這句話，很有可能是在責備你，但也有可能是在鼓勵你，「很像那個人耶」

的這句話有可能是批評，也有可能是讚美。

如此看來，「像〇〇的樣子」的意思全依當下的語境決定。之所以全依語境決定，是因為「像〇〇的樣子」的意思是在與周邊的資訊互動之下定型，無法只由客體本身的資訊確定，而且大部分都不需要上述的說明就能理解。仔細一想，這還真是讓人感到不可思議。

以企業或商品為例，「很像 HONDA（本田汽車）」或「很像 MUJI（無印良品）」這種說法，代表很像 HONDA 或 MUJI 是件非常有價值的事。人物、商品、場所之所以能受人喜愛，往往都是因為它們擁有的「本質」引起粉絲共鳴，若失去這類「本質」，那麼哪怕是知名老店、偶像還是名牌，粉絲都會轉頭離開。

除了上述的商業價值之外，這種「本質」也是文化的底蘊，同時也是人們的精神食糧。

企業的「本質」有很多代名詞，比方說組織文化、企業風氣、行動模式、核心能力、習性、不成文規定、氣氛，但我們很難正確解釋這些「本質」代表的複合意義。

企業若是失去「自家公司的特色」，恐怕將遭受顧客疏遠、內部分裂的致命打擊。

資訊的代碼（code）與模式（mode）

那麼上述的「本質」究竟以何為載體呢？雖然所謂的「本質」也是一種資訊，但這種資訊到底存在哪裡呢？

其實「資訊」可拆解成「代碼」（code）與「模式」（mode）再思考。

所謂的「代碼」是指資訊的構造、根源或規格，有點像是寫在手冊或說明書的定義與規則，也可說是事實、素材、系統的組成要件。若以「程式碼」比喻，就是記載程式設計步驟的資訊，若以「衣著規範」比喻，就是該穿什麼衣服才合適的規定，而這種代碼是可以寫成白紙黑字的，既可以寫成文字，也可以量化，還很容易管理。

反觀模式就屬於難以透過語言或數字說明的印象、樣貌與樣式，有點像是某種風格、形式或樣態，有時也是難以言喻的氣氛或語氣。

我們可將流行、文化、名牌視為由某些代碼組成的模式或風格。

基本上，前述的「本質」就是以這裡說的「模型」為載體，所以才那麼難以理解與汲取，所以才會如此地珍貴，但要主動將其當成資產運用卻非常困難。

所謂的「本質」不像「自我認同」那麼侷限，也不像「○○類」、「○○流派」這類用語那般客觀，就只是「該事物之所以是該事物的原因」。

為什麼會知道「本質」

為什麼會知道「本質」呢？就編輯工學的角度來看，這部分一樣與「概要圖原型（→P.133）有關。人都是透過「典型」、「類型」、「原型」組成的「概要圖原型」，認知或描述很難說明的「本質」，但其實這分成大腦的內側與外側兩個部分，我們的大腦有張簡圖，還有將認知客體畫成簡圖的資訊。

比方說，在三角形底下畫根棒子，就會讓人覺得這個圖案是「樹」，但是當三角形底下的是矩形，就會讓人覺得是「家」。我們的大腦裡面已經有「樹」或「家」的草圖，能在看到類似的圖形時，立刻產生「啊，這不就是那個嗎？」的反應。進行「類比思考」的時候，「與簡圖對照」以及「聯想」的步驟很常出現，總是會將看到的圖案類比為腦中的簡圖。

這時候我們認知的形狀或形態就是先前提及的「格式塔」，這也是吉布森的「環境賦使」研究的基礎（→P.112）。一如我們能從連續的音符感受旋徑，我們也能從組成的元素篩選出模式或樣態。

嚴格來說，肖像畫與人物模仿表演都與真人有落差，但令人意外的是，肖像畫人物模仿表演常讓人覺得比本人還像，由此可知，大膽地強調特徵或扭曲特徵，有時進一步突顯前述的「本質」。

常於肖像畫、漫畫或諷刺畫使用的強調手法或扭曲手法稱為「誇飾畫」（caricature），而這是利用透過大膽的省略、局部強調與誇飾，強調「趣味本位」的表現手法。

這類似的誇飾不僅會於視覺設計應用，在神話、連續劇、動畫、遊戲之中也是非常重要的編輯手法。能讓人印象深刻的故事往往非常重視「突顯本質」這個環節。

蘊藏於古希臘哲學、詩與建築物表像的技術可分成「類推」(analogia)、「模仿」(mimesis)、「戲謔」(parodia) 這三大類。

「類推」就是「類比」，類推、聯想、推論、溯因推論都屬於「analogia」的分類。

「mimesis」則是「mimicry」，也就是模仿的意思，「扮家家酒」可說是完美的模仿 (mimesis)。近年來「仿生學」(biomimicry) 成為一門顯學，但古希臘早就知道模仿自然是靈感的來源，也非常重視這種手法。

「parodia」就是「parody」，前述的誇飾畫、戲謔、謎語、玩笑話都屬於「parodia」的分類。

編輯工學研究所經營的線上學校「ISIS編輯學校」設計了一套獨特的編輯力培訓課程，幫助學員從上述的古希臘編輯技巧得到靈感，再進一步突顯人事物的「本質」，而這課程的標題就稱為「mimelogia」，擔任校長的松岡正剛提到之所以是這個標題，為的是沾analogia、mmiesis、parodia的光。

前述的「mimelogia」主要將兩件事擺在一起，再分別加上成對的形容詞，突顯這兩件事本質的編輯力培訓課程，或許聽起來有點自吹自擂，但這的確是寓教於樂的課程。

這個課程沒有繁瑣的規則，每個人也都可以參加，而且能讓每個人發揮特有的想像力，也能在沒有繁複的評分標準下評估作品的優劣。

例如有下列的練習：

題目：請以「漱石」與「鷗外」進行「mimelogia」練習（夏目漱石與森鷗外都是日本知名作家）。

示例：「漱石的草鞋，鷗外的木屐」

如果將「漱石的草鞋」與「鷗外的木屐」拆開來看，兩者只有字面上的意義，但是將兩者放在一起看，與字面意義或事實無關的「漱石本質」以及「鷗外本質」就變得格外鮮明。其他還有「愛鬧彆扭的漱石、脾氣臭得像石頭一樣硬的鷗外」或是「單邊酒窩的漱石、眼睫毛下垂的鷗外」、「愛吃涼拌豆腐的漱石、愛吃法式凍派的鷗外」。這些例子都是令人會心一笑的對句。雖然「涼拌豆腐」與「法式凍派」跟這兩位知名作家沒有直接相關，但寫成上述的對句之後，卻讓人有種恍然大悟的讀後感，這還真是不可思議。只要是在某種程度上共享文化的同好，一定能立刻分享這種數量多到有如無底深淵的「本質」。

迷你練習 08

▼請試著以「令和」與「昭和」進行 mimelogia 練習。順利的話，應該能突顯這兩個時代的「本質」。

ISIS 編輯學校設有 mimelogia 獎項，會由老師們選出特優獎。雙方在語言或想像上的協調或落差，都會催生出令人大呼「原來如此」、「真的是這樣沒錯」、「真是敗給你了」的趣味。

儘管 mimelogia 這項練習的步驟如此簡單，卻能激發每個人的類比思考力與溯因推論

【表 2：「漱石」與「鷗外」的 mimelogia 示例集】
（節錄自松岡正剛 &ISIS 編輯學校《共讀方法的學校 INTER-SCORE》）

▶ 漱石的草鞋、鷗外的木屐	▶ 老街的漱石、豪華住宅區的鷗外
▶ 讀書讀出聲音的漱石、默讀的鷗外	▶ 划槳的漱石、揚帆的鷗外
▶ 黑板的漱石、白袍的鷗外	▶ 成為錢的漱石、成為愛的鷗外
▶ TOYOTA 的漱石、MAZDA 的鷗外	▶ 粉筆的漱石、聽診器的鷗外
▶ 「都是你的錯」的漱石、「都是時代的錯」的鷗外	▶ 點名的漱石、診脈的鷗外
▶ 靠火爐取暖的漱石、盯著暖爐的鷗外	▶ 情的漱石、浮的鷗外
▶ 躺著讀書的漱石、正坐讀書的鷗外	▶ 新鈔票的漱石、診察的鷗外
▶ 思考人生問題的漱石、思考歷史問題的鷗外	▶ 在倫敦惶惶不安的漱石、在柏林恩愛的鷗外
▶ 愛跑松竹系列劇場的漱石、喜歡迷你戲院的鷗外	▶ 新藝術的漱石、歌德式的鷗外
▶ 吾輩的漱石、我的愛的鷗外	▶ 愛吃涼拌豆腐的漱石、愛吃法式凍派的鷗外
▶ 愛鬧彆扭的漱石、脾氣臭得像石頭一樣硬的鷗外	▶ 歇斯底里的漱石、公爵的鷗外
▶ 幽默的漱石、戰鬥的鷗外	▶ 愛吃餅乾的漱石、愛吃甜饅頭的鷗外
▶ 高等遊民的漱石、高級官僚的鷗外	▶ 愛坐人力車的漱石、愛騎馬的鷗外
▶ 像老師的漱石、像醫生的鷗外	▶ 太田胃散的漱石、百服寧止痛藥的鷗外
▶ 單邊酒窩的漱石、眼睫毛下垂的鷗外	▶ 絣的漱石、別珍的鷗外
▶ 和服穿得隨便的漱石、和服穿得正式的鷗外	▶ 「吾輩皆胃病」的漱石、「讓我為你看病」的鷗外
▶ 貓會碎念的漱石、鳥兒展翅高飛的鷗外	▶ 嚮往優雅老婦人的漱石、為舞孃心急如焚的鷗外
▶ 大熱天的漱石、濃霧的鷗外	▶ 想不通的漱石、做不完的鷗外
▶ 佇足的漱石、站住的鷗外	

力，一如「將甲物視為乙物」這句湯川秀樹的名言（→P.69）之中的「暗喻」、「突顯」、「類比」，mimelogia 這項練習會在這兩邊的事物套用上述這三種方法思考，試圖從中找出完美的降落點。

就結果而言，這項練習能從事物（在此為漱石與鷗外）找到無法以邏輯或字面說明，一經拆解就如空氣般揮發的原型，還能與他人分享這個原型。連歌或俳句這類日本文學也是比賽誰的隱喻更加高明的遊戲。

在此為大家介紹了「mimelogia」這個靈感來自古希臘表象力的編輯力培訓練習，而這項練習能幫助我們捕捉「本質」外露的瞬間，大家有空的話，請務必試著練習看看。

讓複雜的事物保持複雜：解讀時，利用「述語」而非「主語」

如果將重點放在「本質不會只因代碼或元素的組合出現」這點上，那麼「本質」其實與「生命」有著異曲同工之妙。就算將我們身邊的「生物」或「類生物」拆解成元素，也無法掌握它們真正的樣貌，而且越是想要分析清楚，就越難看清它們的樣貌。

被譽為日本非線性科學第一把交椅的藏本由世（一九四〇—）認為這隨時都在改變的世界就像是複雜的生命現象，而非線性科學則是解讀這個世界的觀點，不過，非線性科學是由「述語」串連的科學，而非以「主語」串起的科學。

聚焦在事物，並透過所謂的「普遍性」觀察世界的科學，是以What（何物）為主軸的觀點，具有「主語一致」的特色，反觀以How（如何）為觀察世界主軸的觀點則有「述語一致」的特徵。

玫瑰、夕陽、限時郵件的郵筒都是「紅色」的，而當我們根據「都是紅色」這點聯想這三樣事物，就能從中尋相關性，建立觀察世界的新觀點。這感覺像是「紅色」這個述語（性質／事情）創造了一個包容夕陽、玫瑰、郵筒這類主語（物質／物品）的空間（藏本由紀《非線性科學》，集英社，二〇〇七年）。

舉例來說，非線性科學有所謂的「分形」（fractal）現象，這是一種巢狀構造的圖案，只要不斷擴大圖案的局部範圍，就會一直出現相同的圖案，而「分形」這個詞可用來說明峽灣的海岸線、蕨類的葉子與貝類的紋路，哪怕這三種是不一樣的事物，而這就是以述語概括主語的科學。

日本哲學家西田幾多郎（一八七〇—一九四五）曾以「述語的統一」這個關鍵字說明「意識」與「判斷」。他認為「意識」可說是「隨時隨地都能成為述語，但不會成為主語的東西」，也藉此解釋所謂的「我」：

一般來說，「我」這種東西與他物無異，會被視為具有各種性質的主語，但「我」不該是主語，而是述語，不該是個「點」，而該是個「圓」，不該是個「物」，而該是個場所，我之所以無法了解我，在於述語無法成為主語。

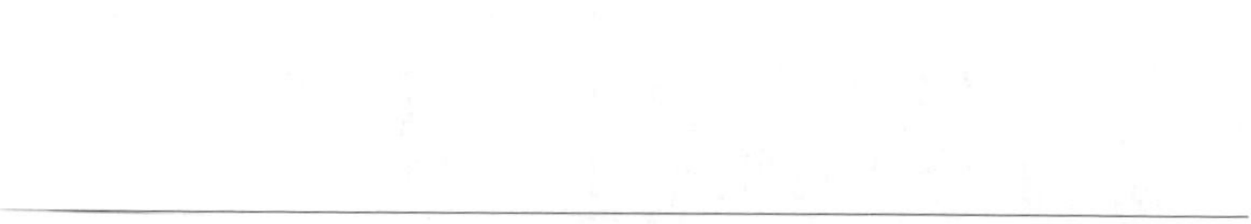

【圖 14：謝爾賓斯基三角形】
由無數個相似的三角形組成的分形圖案

——西田幾多郎《西田幾多郎關鍵字論集》書肆心水，二〇〇七年

「我」該是述語而不是主語，該是圓而不是點，該是場所而不是物品。越是反問自己「我的本色為何？」藏於自我的「本質」越可能從正面溢出。西田幾多郎也提到，「我」終究無法成為主語（what／何物），也對透過意識解讀的「直覺」提出下列的解釋。

「直覺就是主語深入述語之中的過程」

仔細想想，珀斯從「溯因推論的提示」發現的「直覺」也是所謂的「述語」（→P.100）。珀斯提到，直覺是一種「正確推測自然事物的本能」，當我們「與周遭的大自然法則產生連綿不絕的互動，所謂的直覺就會像是有機物一般誕生」，換言之，直覺不由「我」這個主體控制。

透過不斷改變的事物觀察永恆不變的事物

從古典物理學到粒子物理學，科學向來是透過「永恆不變」的事物解釋這個不斷變貌的世界。

藏本由紀則顛覆了這種觀點，提出了從「不斷改變的事物」觀察「永恆不變的事物」的非線性科學。

提倡「環境賦使」理論的吉布森曾說「所謂的知覺就是了解藏於『變化』之中的『不變』」（→ P.114）。

反過來說，透過「恆變的事物」觀察「不變的事物」本來就是人類根據自身的知覺、意識或判斷認知這個世界的方法。

當我們採用前所未有的述語統一理論，事物之間的相關性將被更新，全新的世界樣貌也將浮現眼前。前述的「mirrelogia」練習就是一種「誰能找到出乎意料之外的述語」的遊戲或競賽，而且在進行這項練習時，不需要找出任何新的事物，只需要找出事物之間的相關性，就能讓眼前的世界煥然一新。

海倫凱勒之所以對鶴見俊輔說「反學習」（unlearn），或許就是希望鶴見俊輔能從「該怎麼做」（述語）的觀點重新解讀那些大量學過的「知識」（主語）。

比起「主題」更偏重於透過「方法」解讀世界的編輯工學將座標軸放在「該怎麼做」而非「是什麼」的部分，也將非線性科學、西田哲學、珀斯的溯因推論都提到的「述語感覺」設定為編集方針的主軸。

要找出「本質」這種不具其形的價值，就必須掌握能讓複雜的事物保持複雜的述語。

述語之國──日本

對日本人而言「述語」是再熟悉不過的東西了。

相較於西方將重點放在「主語」，日本一直以來，都是以「述語」為主的文化。

法國地理學者邊留久（Augustin Berque，一九四二—）曾提到不需要主語的日語是象徵日本文化的一大特徵（邊留久《空間的日本文化》（『空間の日本文化』）筑摩學藝文庫，筑摩書房，一九九四年）。

以「寒冷」為例，西方的語言通常會是「天氣很冷」或「身體覺得很冷」，這種主語非常明確的說法。日文中的「寒冷」，表達的是這個現象不僅於大氣之中存在，更存在於感受這一切的人們心中，所以，「寒冷」與整個情景融為一體的主語（人），是無法獨立抽離的。

從日本人的角度來看，費心思考是理所當然的事，但根據邊留久的說法「西方人覺得這種情況難以置信」，因為比起「對什麼做什麼事」或「什麼做了什麼事」，日本更將溝通的重點放在「如何做」與「現況如何」，日本這種以「述語」為主的文化也充分展現於日語之中。

如果藏本由紀將「以述語為優先」這點做為觀察複雜事物的非線性科學的關鍵，那麼日本的感性或方法，也許是面對VUCA（也就是由Volatility〔變動〕、Uncertainty〔不確定〕、Complexity〔複雜〕、Ambiguity〔模糊〕）四個英文單字的首字組成的詞彙）混沌世界所扮演重要的角色。

現代科學源自以主語為文化基調的西方世界，所以整個世界才會以主語做為了解大自然的主軸。但是，由哥白尼（Nicolaus Copernicus，一四七三—一五四三）到牛頓（Sir Isaac Newton，一六四三—一七二七）開創的近代科學革命時代，在人類的文明史之中，不過是轉瞬即逝的瞬間而已。

藏本由紀認為從亞里斯多德到近代科學革命只有兩千年，從牛頓的自然哲學到現代也只有短短的三百年，在如此短暫的時間之內急速進化的現代科學應該非常畸型，而這種畸型也全面扭曲了科學與人類的知識，所以他在《新自然學》（筑摩學藝文庫，筑摩書房，二〇一六年）提出了下列的警告。

人類的疑問可分成能以科學事實回答的問題以及不能以科學回答的問題，但現代卻誤以為沒有答案的後者是不值得一問的問題，所以就某種意義而言，現代是文化荒漠的時代。

只知道事實不是真正的智慧。由於那些能寓言回答的問題被各種不當的手段打壓，所以這個時代不能算是豐饒的時代。本書最大的主題就是在現代觀代那「究極失衡的理性」。

一直以來，人類的社會架構都奠基於「透過主語了解事實」這點，而這點當然也是非常重要的基礎，但當務之急是開發更多「透過述語了解事物本質」的方法。

在不具其形、難以言喻、未有正確解答的事物之中，或許蘊藏著在前途多舛的二十一世界存活的關鍵。

這些並非前所未見的技能與風景，而是人類與生俱來的能力，熟悉以述語為主軸的日語的日本人，更該在此時此刻回想這了然於胸的一切。

方法
09

預留伏筆、揭露

激發創意的「留白」管理術

借物抒情

自古以來，日本就有「借物抒情」這種呈現手法。現存最早的日本詩歌總集《萬葉集》的敘事手法可分成兩大類，一種是「借物抒情」，另一種是「正述心緒」，也就是「正確吟詠心緒觸動」的意思。

萬葉集詩歌的呈現手法而言，前者的「借物抒情」遠多於後者直述心緒的「正述心緒」。

若直白地說明愛慕之心、難過、寂寞這類心情，可用的詞彙相當有限，但借物抒情的話，就有無窮無盡的字詞可以選用。

日本國文學者鈴木日山男（一九三八—二〇一三）曾提過，讓平凡無奇的心思意念變得精彩，可多用「借物抒情」這種手法。

要注意的是，這裡的「物」與「情」是對等的地位，「物」並非從屬於「情」。

> 「物」只是說明具體事物或現象的詞彙，當「物」嵌入「心」的脈絡之中，「物」就不再只是「物」，「情」也不再只是情，而是一同交織出新的心境。
>
> ——鈴木日出男《萬葉集入門》（『万葉集入門』），岩波 junior 新書，岩波書店，二〇〇二年

讓「我」的「所思所想」悄悄地借著眼前的「事物」流露。古代日本人所吟詠的詩歌彷彿像是播放影像的螢幕。

前述的「本質」也是在寄情於物或是刪除多餘的元素，抑或借鏡其他事物才得以浮現，而日本人則像是進行加減乘除般，利用「寄情於物」、「刪減元素」、「借鏡其他事物」這類

手法抒發或互相傾吐心情。

「生命的本質」藏於想像力之中

過去曾有一個反思「人類本質」或「生命本質」這類難題的專案，而這項專案也可說是「借物抒情」的方法之一。

機器人工學研究家石黑浩（ISHIGURO Hiroshi，一九六三—），曾經指導以日本藝人松子DELUXE為原型的智慧機器人「松子機器人」(Matsuko Roid）的研發，石黑與人工生命的研究家池上高志（IKEGAMI Takashi，一九六一—）曾一起打造了一台「機器人Alter」，這是透過機器人這種「物」反思「生命本質」的嘗試。

機器人Alter的內部運作過程全部都攤在陽光底下，而人類或動物的身體內部是看不見的，所以就外觀而言，Alter一點都不像是生物。

但觀眾卻反應「不得不覺得Alter是有生命的」。如果以超越生物常識的角度觀察Alter，會感受到Alter是有生命的，那麼所謂的生命本質不就是來自內部，而不是源自外表了嗎？這到底是怎麼一回事呢？

石黑的解釋如下：

內部零件外露的 Alter 的「生命本質」到底源自何處？我認為源自他的「複雜度」，而 Alter 的複雜度就是人工神經網路的複雜度。

Alter 身上裝有多個氣壓式制動器，可對周圍的聲音產生複雜的反應，而多種模式（人性的部分）的同步，也讓 Alter 可以做出之前機器人所沒有的動作，但是也刪掉不少像人類的部分，例如外表就沒那麼精緻，聲音與對話也比較粗糙。

如果刪掉那麼多像人類的部分還能讓人感到 Alter 是有生命的，代表觀眾是透過想像力彌補了那些被刪除的部分。

——池上高志、石黑浩《人類和機器之間：「心」在何處？》（暫譯，『人間と機械のあいだ：心はどこにあるのか』），講談社，二〇一六年

換言之，Alter的「生命本質」源自觀眾的想像力。池上與石黑在追尋外表無法觸及的「生命本質」時，發現保留想像空間才能創造「栩栩如生」的狀態，也透過實例證實了這一點。

池上與石黑最終得出「生命本質與想像力息息相關」這個結論。

當被觀看者與觀看者的想像力交融，「生命本質」便從中誕生，這也意味著「生命本質」並非存在於某一側。

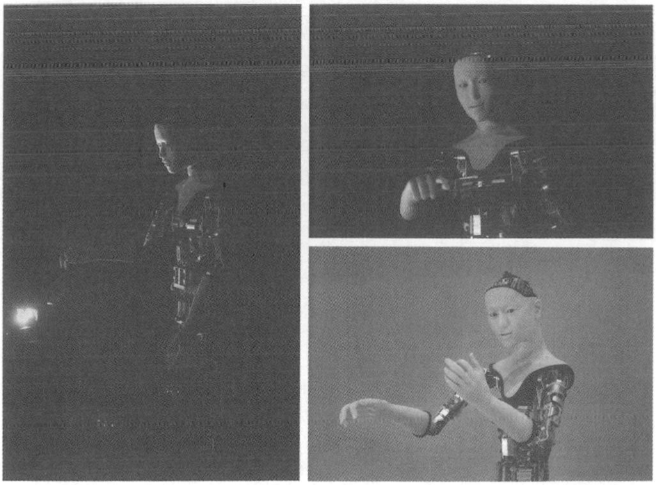

【圖15：機器人Alter】
（池上高志、石黑浩《人類和機器之間：「心」在何處？》講談社，2016年

日式留白創意

一直以來，日本人都很擅長透過「想像力」催生前述的「仿生之物」。一如法國地理學者邊留久指出的「具述語特性」的日本文化（→P.158）以及預留「想像空間」這點，都是日本人向來擅長之處。

從另一個角度來看，讓日本之所以是日本的多種方法論都表露了非常高階的「編輯力」，而松岡正剛也將這些方法論整理成「日本特有的方法」。

在這些「充滿日式特色」的事情與「屬於編輯工學」的事情之間，潛藏著許多幫助我們於現代生活的提示。

從建構日本文化的前人身上學習「編輯力」，不只是「了解日本的文化」而已。現行的世界充斥著許多行不通的觀點與方法，而日式創意應該蘊藏著許多這些觀點與方法的替代方案。

編輯工學非常重視「伏筆與揭露」。若想活靈活現地「揭露」，就必須預留「伏筆」。

這種以「伏筆與揭露」為主軸的「留白式創意」可說是「日本特有的方法」，而在此將為大家介紹幾種這類方法。

應於內心填滿

土佐派畫家土佐光起（一六一七—一六九一）曾說「白紙也是圖案的一

【圖 16：松林圖屏風】
長谷川等伯　16 世界（東京國立博物館收藏）

種，應於內心填滿」(《本朝畫法大傳》，一六九〇年)。

日本近代美術先驅岡倉天心(一八六三—一九一三)曾提到「刻意不將茶室打造成任何型態，只憑想像完成全貌」足以形容屬於茶室(數寄屋)的美學。

此外，「茶道的精要在於追求不完美」，這與追求「完美」的古典對稱美學形成對比，而岡倉天心對此也做出下列的解釋。

真正的美，只在於心中填補「不完美之處」的人，方能找得到。

——岡倉天心《茶之書》(*The Book of Tea*)，一九〇六年，日文譯本『茶の本』岩波文庫，岩波書店，一九二九年

換言之，岡倉天心認為茶室的美學是由每一位客人自行想像才得以臻於完美。

這種在內心填滿「留白」與「缺憾」的方法在「頓點」與「拍子」這類時間點、機會與韻律也受到重視。

「無為之隙」與「空拍」

打造能劇的世阿彌曾留下「無為之隙很有趣」。

意思是，在舞與舞，歌與歌停止的瞬間，內心的意念才得以趁隙向外擴散。

> 應以無心，吾心藏吾身，串起無為之隙前後。換言之，這就是以方寸之心串起各項才藝，令觀眾動容之力。
>
> ——世阿彌《花鏡》，一四二四年

意思是不要一直想著展現演技，而是要盡可能隱藏內心，直至進入無心的那個瞬間，就是趣味所在之處。

這是世阿彌用於解釋日本的「間」（留白）的一段話，若在武道的世界裡，這裡的「間」就是所謂的「拍子」（韻律）。

日本知名劍客宮本武藏（一五八四—一六四五）曾說請用心鍛練「拍子」，而所謂的拍子又分成「榮拍」、「衰拍」、「當拍」、「間拍」、「背拍」（譯按：「榮」：事物盛起之意，於武道應為準備發招之際；「衰」：事物衰竭之意，於武道應為招式準備結束之際；「當」：事物互相碰觸之意，於武道應為雙方的刀子接觸之際；「間」：事物之間的留白，於武道應為招式放緩之際；「背」：出乎意料之意，於武道為出奇制勝，破壞對方節奏之意），若能運用自如，就能制敵取勝，而說明箇中道理的是於目前於全世界傳誦《五輪書》（宮本武藏，一六四五年）。

諸藝、諸能皆不可背離「拍子」，即使死亡也仍有拍子。出其不意的空拍不僅充滿智慧，更是制敵取勝之所在。

——宮本武藏《五輪書》

整段話的意思是不可違反「拍子」的道理，即使是抽象的事物也有其「拍子」，只要不斷鍛練，掌握拍子的智慧，就能以無心的拍子殺敵人一個措手不及。

「無為之隙」、「空拍」，都是從流動的時間之中抓住轉瞬「留白」的方法。

佛教的「空」也有異曲同工之妙（→ P.126），而這正是日本管理「無」（留白）的方法。

「壁龕」這個空間

空間也有所謂的留白，最能展現日式住宅風情的空間就是「床之間」（壁龕、凹間）莫屬。這是一處吊掛書畫或裝飾花卉的神聖空間，最早是在室町時代出現，主要是君主為召見家臣而特別設計的場所。這也是住宅形式從貴族的寢殿轉換為武士的書院造之際所產生的留白。

德國建築師布魯諾・陶特（Bruno Julius Florian Taut，一八八〇—一九三六）就對日式建築的「床之間」讚譽有加：

> 就擺放美術品的場所而言，再沒有任何空間的形式比床之間更加明確，更加具有全世界的藝術創意。

——布魯諾．陶特《被遺忘的日本》

暫譯，原書名『忘れられた日本』中公文庫，中央公論新社，二〇〇七年

陶特對於與宗教沒有任何關係的床之間具有「祭壇的色彩」又是家庭文化集中之處非常讚嘆，而且對於床之間的背面，居然是廁所這種大無謂的構造也感到驚豔，他也一眼看穿這種「清潔與汙穢的對立」促成了日本文化特有的緊張感。

在不斷填滿空間的過程中，「間」（留白）這個空間會突然蹦現，保留這個空間，不視其為「無用之處」，便可將住宅空間的樣式美提升至極致，而這個空間也將成為這間住宅最具創意的象徵。

利用掛軸、花道、室內裝演形塑的床之間是為日本住宅美學帶來創新的超部分（Hyper Part）。

無水的「枯山水」

有種庭院與「床之間」一樣，都是由留白形塑而成，那就是所謂的「枯山水」，只要

發揮想像力，就能在無水的碎石庭院之中，看見水流與水花，而這也是日本人究極的「減法美學與思想」。

其實枯山水本是為了舉辦儀式而「特地預留的空間」，曾有一段時間嚴格禁止留作觀賞式的庭院之用，後來在這「禁斷之地」之一的空間裡出現了「假山水」，最終便大幅進化為寺院墓地的「枯山水」。

化阻力為助力的「負」的創新與透過「留白」催生新意的「減法」方法論，是日本強而有力的創意引擎。

【圖 17：布魯諾陶特的床之間素描】
（布魯諾 · 陶特《被遺忘的日本》中公文庫，中央公論新社，2007 年）

「幽玄」與「餘情」

「未見之見」這種美學也因這種「減法」的方法論而逐漸成熟，由和歌和與連歌傳承的「幽玄」也屬於這種美感，而這種「不可言傳，只能意會的感覺」後來也發展為「能」。「幽玄」或許正是下列句子的意境。

舉目遠眺，既無盛開的花朵，也無美麗的楓紅，只有海邊的漁夫小屋映入眼簾。這真是何等寂寥的秋季落日啊。

——藤原定家

【圖 18：龍安寺　石庭】
Photo by Stephane D'Alu "RyoanJi-Dry garden"（2004）

刻意在空無一物，淒涼寂寥的海邊提到「沒有花朵與楓紅」，為的是讓聽者想起盛開的櫻花與染上秋意的楓紅。這種以退為近的手法反而能進一步加深印象，而這正是所謂的「幽玄」與「餘情」的美學。

「幽玄」後來由世阿彌發展成「複式夢幻能」這種能劇形式，這也是一種讓現實與幻想的世界輪流在舞台出現的形式。

利休與侘茶

在歷史上，曾有位天才將這種「滅

【圖 19：能樂圖繪二百五十番】
描繪複式夢幻能「井筒」的月岡耕漁

法美學」與「留白的創意」發揮至極限，他就是曾在戰國時代分別侍奉織田信長與豐臣秀吉這兩位天下霸主，在不為人知之處推動戰國亂世的千利休（一五二二—一五九一）。

不管是空間設計、產品設計、活動設計到策略參謀，千利休是一位能在各種領域發揮才能的創意鬼才。

他也是一位自行創造新美學與價值觀，將創意帶入政治與經濟的商機創造家。十六世紀是利休度過一生的時代，也是歐洲的文藝復興時期，拉斐爾、伽利略、莎士比亞也都同時代的人。

在這個古騰堡發明活字印刷術，哥倫布發現美洲新大陸，伽利略伽利萊提倡地動說，歐洲不斷將視線轉向外界的文藝復興時期，利休打造了排除一切冗物，空間僅有一坪的「待庵」，也製作了沒有半點裝飾的純黑茶碗。

原本位於客廳的茶室從五疊榻榻米（編按：一疊榻榻米長一百八十公分、寬九十公分，兩疊約一坪）縮減至三疊，再從三疊縮減至二疊，小到武士要從「躙口」進入室內，都必須將佩刀放在室外以及低頭。茶室是跨階級談心的究極空間，若是在這個空間拿出樂長次郎（生年不詳～一五八九）這位籍籍無名的陶藝師傅燒製的「黑樂茶碗」，便會立刻掀起話題，也能在市場賣得高價。

這個方寸僅一坪的灰暗空間，以及輕輕托在手中的漆黑茶碗，在來客的想像之中，創造了深邃無垠的宇宙。刻意打造的極簡空間反而讓人釋放了想像力，而「減法美學」也由利休之手，琢磨得更加亮透。

而這種「留白」與「減法美學」又經由COMME des GARCONS、無印良品、ZEN（禪）與蘋果電腦傳至世界每個角落。

迷你練習 09

▼請試著思考完美呈現「伏筆、揭露」效果的日本文化。

可試著觀察身邊的食衣住行。

「於內心填滿留白」的編輯力與機制

由「預留伏筆與揭露」觸發的想像不僅合乎「美學」，也符合人類的創作力、想像力、記憶力的機制。

當我們將資訊放進腦袋的時候，會觸動短期記憶與長期記憶這兩個區塊。剛剛吸收的資訊會先放進短期記憶的區塊，等到這筆資訊與腦中的某個「意義」產生連結，就會被轉存至長期記憶。

長期記憶的區塊大量儲存了出生之後的各種體驗與知識，儘管當事人沒有意識到，這些體驗與知識已存在多年。令人驚訝的是，短期記憶非常短暫，這個區塊最多只能儲存七至八個單字的資訊量。

或許大家都有過明明是讀了很多遍的書，卻想不起書的內容，或是才剛看完一部電影，卻怎麼也想不起劇中情節的經驗，這就是文字或影像在還沒成為有「意義」的內容之前，就從短期記憶區塊流出的狀態。

一般認為，資訊從短期記憶過度至長期記憶的時候，會經過一個像是樓梯轉角的記憶區塊，而這個區塊被稱為中期記憶區塊或是複誦區塊，但由「伏筆、揭露」激發的編輯力似乎與這個區塊有關。

作家井上HISASHI（井上廈，一九三四—二〇一〇）在《自製　文章讀本》（暫譯，原書名『自家製　文章読本』）一書為讀者講解了短期、中期、長期記憶與「名言」之間的關係，若以編輯工學的手法加上註解（括號的部分），大概是下列的這種感覺。

讀者不斷地閱讀，不斷地將文章放進短期記憶（音段化），並在中期記憶區塊解讀（類比思考），接著再透過推理與推論（溯因推論）賦予這些資訊意義，然後放進中期記憶區塊的深處（學習）。等到這些資訊觸及長期記憶的系統，有時就會成為恆久不變的定理或信念（反學習）。

若上述的過程成立，那麼名句就必須是能觸動讀者的某段長期記憶的內容。

而且井上也引用日本認知心理學者大村彰道（一九六三—）的文章，介紹在這個「中期記憶區塊」發生的一件趣事。

> 就算是凌亂的內容或是敘述不完整的內容，我們都能自行補足缺漏的部分，再總結成能夠理解與記憶的內容。這就是人類在讀解文章之際，處理相關資訊的特徵。
>
> ——井上 HISASHI《自製　文章讀本》新潮文庫，新潮社，一九八七年

人類不只是透過輸入的資訊了解世界，還能利用資訊的「缺漏」之處賦予資訊意義。這種填補缺漏，整合資訊的能力似乎佔據了人類想像力的絕大部分。

目前已知的是，先前透過「機器人 Alter」發現的「感受生命本質的想像力」，似乎與前述的「記憶的轉角處」以及存在這個轉角處」的事件有關。

雖然機器人 Alter 的外表與功能都大幅削減了與人類相似的部分，但就結果來看，觀眾透過想像力彌補了這些被大幅削減的部分，所以機器人 Alter 才能讓觀眾不自覺地感受到它的「生命本質」。

存於短期記憶區塊的資訊會以「缺漏之處」為觸媒，與產生「意義」的系統產生連結，最後再流入有如大海般的長期記憶區塊。能讓想像力得以揮灑的「預留伏筆與揭露」在「留下生動的記憶」，扮演了非常重要的角色。

一直以來，日本人之所以如此重視「留白」、「減法美學」、「缺漏」、「不完美」，或許是覺得與其了解實體的表象，不如重視在過程中悄然而生的朦朧，才能看得到人類溝通的本質。

方法 10

賦予故事
觸動內心的「敘事法」

為什麼人類需要故事？

大家聽到的第一個「故事」是什麼？是桃太郎？一寸法師？小紅帽還是三隻小豬？雖然長大之後，很少有機會重讀這些故事，但應該有不少故事都還記得大致的情節吧。

小時候，我們會看一些繪本或連環話劇，稍微長大之後，會看一些電視連續劇、電影或歌劇，有時候還會與同伴聊一些過去的英勇事蹟或傳說，也會從電視廣告或海報讀到一些品牌故事，而我們也不知不覺地吸收這些故事與創造無數個故事。

為什麼人類需要故事？

當我們出生在這個世上，一步步了解這個世界的時候，會發現這個世界非常虛無飄渺，而我們人類就是透過「故事」了解這個難以捉摸的世界，也是透過「故事」與別人分享我們所認知的世界。

帶動二十世紀結構主義的法國符號學家羅蘭．巴特（一九一五—一九八〇）曾於《敘事作品結構分析導論》（*Introduction à l'analyse structurale des récits*）提到：

> 故事簡直是與人類的歷史一起誕生，世界上的每個民族絕對都有屬於自己的故事。故事就像人生一樣，是跨越民族、歷史與文化的存在。
>
> ——羅蘭．巴特《敘事作品結構分析導論》日文譯本『物語の構造分析』，Misuzu 書房，一九七九年

假設故事是人類了解世界的方法，那麼就能得出人類與故事的歷史是同時開始的結論。

history（歷史）這個單字之中也有story（故事）這個單字，而這兩個單字都是源自拉丁語historia，意指「過去事件的敘述、記述、寓言、故事」。

在人類還沒有文字的時候，都是利用「故事這種載體」傳遞重要的資訊。《平家物語》或《太平記》這類流傳至現代的故事都是由一邊彈著琵琶，一邊編撰故事的琵琶法師口述與流傳。

歐洲也是透過戲劇與口述的方式傳誦故事。《伊利亞德》（*Iliad*）和《奧德賽》（*Odyssey*）都是以六音步詩行（hexameter，固定的文句與音節規則一致的台詞）的形式表演。

韻律、語氣、令人動容的場景，這些於說話者的長期記憶區塊儲存，擾動聽話者長期記憶的表演方式都在漫長的歲月之中，透過故事這個載體雕琢與昇華。

一直以來，人類也是透過「述說」這個屬於語言的技術，依照時間的順序分享經驗，藉此共享社群之中的重要記憶。

就這點來看，故事不僅是為了娛樂而生，更是保存與傳遞資訊的載體。

在透過故事傳遞資訊的過程中，日語、英語這類語言系統也跟著形成。若從人類的歷史來看，與其說故事是由語言編寫，不如說是先有故事這個格式，之後語言系統才於各地區形成。

察覺與生俱來的敘事迴路（narrative circuit）

與人類歷史一同誕生的故事不僅於文明或社會存在，也深藏在我們每個人的記憶與心中。每個人大概到了三歲，故事的概要圖原型就會萌芽，也能隨著時間的流逝片段地認知這個世界，等到時機一成熟，這些片段也將一口氣組成完成的圖像。

雖然牙牙學語的嬰兒一開始只能記住「汪汪」、「噗噗」這類零碎的意義，但會在某個時候突然能夠說出「剛剛有狗狗對吧，牠突然『汪』的一聲，害我嚇了一跳」，擁有依照時間順序「敘述事實」的能力。

多倫多大學（University of Toronto）的神經學者諾曼・法布（Norman Farb）認為人類的大腦內建了認知世界的神經網路，會在認知事物之際，讓這些事物與「故事」產生關聯

性，也是透過「故事」建立「什麼屬於什麼」的模式，以及有條理地認知這個廣袤而混沌的世界

當這種被稱為「敘事迴路」的認知迴路啟動，「汪汪」的叫聲就會變成「剛剛有狗狗對吧，牠突然『汪』的一聲」這個有意義的故事。

一如海倫．凱勒從流水學習寫在掌心的「WATER」，進而發現身邊萬物與詞彙之間的意義，我們每個人都曾有過突然了解世界，相關的想像、詞彙與故事繼而一湧而出的體驗。

松岡正剛從編輯工學的觀點研究「故事」之際，發現這個「敘述迴路」與人類的編輯力息息相關。

松岡正剛認為我們都是透過在成長過程中，第一次建立的敘事迴路編輯日後得到的資訊與體驗，例如我們會將這些資訊畫在日記裡，或是在學校與同學講這些事，之後又會在老師、父母親的影響下、與朋友對話、遇到的文學與音樂建立新的敘事迴路，而在這種利用借鑑而來的故事建立第二個、第三個敘事迴路的過程中，一步步潤飾自己的體驗。

這種敘事迴路是編輯力的核心，我們也是在片段認知這個世界，以及賦予這些片段的相關性之中創造意義。假設一切屬實，那麼我們就是在我們製造的資訊之中事先埋入前述的敘事迴路，才能靈活地操作大的資訊。

松岡透過於《哈佛商業評論》發表的「大數據時代的編輯工學」一文（二〇一三年二月號）提出大數據的敘事迴路編輯術，也於多處企業舉辦這篇文章的讀書會，一時之間也蔚為話題。

人類習慣將身邊的世界視為某種劇場，再透過不同的場景與角色的動作正確地處理有如千絲萬縷般交錯的資訊。不管是日常的瑣事還是足以撼動內心的體驗，人類都是把自己當成故事裡的人物，藉此了解這個世界與自己。

故事的五大元素

那麼「故事」這種資訊格式是由哪些元素組成的呢？

在編輯工學的世界裡，組成故事的元素共有下列五種。

第一個是定義世界觀的「世界模型」，第二個是故事劇本的「情節」，第三個是組成各種場面的「場景」，第四個是登場人物的「角色」，最後則是讓故事往前推進的「旁白」。

這五種元素的解釋分別如下。

1. **世界模型（世界構造）**

故事得以成立的共同世界觀或框架，其中包含時間、空間、世界構造、舞台設定這些內容。

2. **情節（腳本、劇情、劇本）**

指的是內容的流程或故事的軌道，也稱為腳本或劇本。亞里斯多德為了讓這個情節（內容的流程）與「logos」（邏輯）有所區分，特別將這裡的情節稱為「mythos」。

3. **場景（場面）**

指的是為故事增色的場面。故事是由多個場景組成，而精彩的場景可讓故事情節更有發展。

4. **角色（登場人物）**

指的是主角與其他所有的登場人物。這些登場人物的特徵與相關性也將形塑故事的特色。

5. **旁白（說故事的人）**

是讓故事往前推進的人。有時會以「從前從前……」這種俯瞰全局的語氣說話，有時則會以「有顆大桃子從

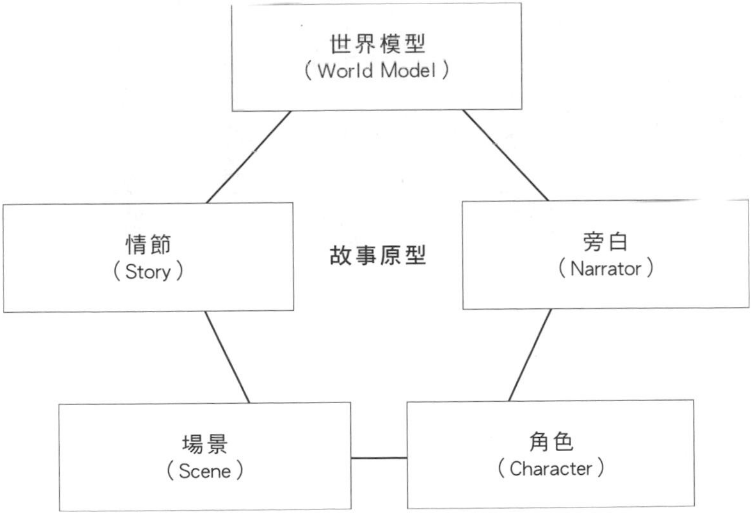

【圖 20：故事的五大元素】

上游漂了過來」這種登場人物的視角說話。

大部分的故事都由上述這五種元素組成，而故事一定有開始與結束。

故事得以吸引全世界目光的祕密：故事原型「英雄傳說」

一般認為，由上述這些元素組成的故事之中，隱含著某種「模型」（pattern），而這個模型則是自古代神話以來就存在的「故事原型」。

美國神話學者喬瑟夫．坎伯（Joseph Campbell，一九〇四—一九八七）曾從神話的模型篩選出被譽為「英雄傳說」的故事原型。

古今中外的神話、傳說、小說或腳本之中，有無數個由「分離、啟程」（separation）→「成年禮」（initiation）→「回歸」（return）這三個階段組成的故事。

separation 的意思是啟程，也就是當平凡的生活發生了某事，便踏上旅程的意思。此時的旅程可以是真實世界的旅行，也可以是精神世界的旅行。在旅行過程中，會遇到稱為 initiation 的成年禮或試煉，跨越這些障礙之後，便是「回歸」（return），也就是衣錦還鄉的意思，此時的自己也與啟程出發之際的自己大不相同。

忠實依照這個「故事原型」拍攝電影的人，正是坎伯的學生喬治・盧卡斯（George Lucas，一九四四—），他所拍攝的《星際大戰》可說是「英雄傳說」的翻版。一直以來，好萊塢電影就產出了一部部英雄傳說類型的賣座電影。

全世界其實都找得到這種故事原型，比方說日本的「桃太郎」就是非常簡單易懂的英雄傳說。

從桃子誕生的桃太郎為了幫助村莊趕走惡鬼，決定踏上旅途，前往鬼島消滅惡鬼（分離），途中遇見了猴子、雉雞、狗這三位夥伴後，集全體之力成功擊敗惡鬼（成人禮），還因為原諒惡鬼得到許多寶物，得以衣錦還鄉（回歸）。最後桃太郎將寶物分給村民，與爺爺、奶奶一同過著幸福的生活。這就是桃太郎的故事概要。

故事的賣點在於可以看到主角在經過試煉之後成長的模樣（分寶物給村民），還能看到共同生活的人們恢復活力（村民很開心），與分離時的狀況有所不同也是故事的特徵之一。

不管是「駭客任務」、「神隱少女」還是「伴我同行」與「獅子王」，從這些描寫主角內心糾葛與成長的故事，都能清楚見到英雄傳說的模型。

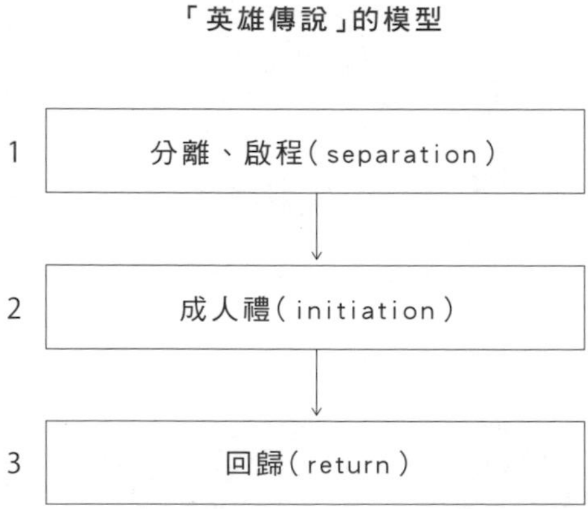

【圖 21：故事原型（「英雄傳說」的模型）】

迷你練習10

▼還有其他具有「英雄傳說」模型的故事嗎？

試著把想到的電影寫出來，再以前述的三個階段說明情節。

喬瑟夫坎伯曾進一步分析這三個階段，松岡正剛於千夜千冊第七〇四夜「千面英雄」淺顯易懂地導覽了這三個階段的全貌，有興趣的讀者務必一讀。尋找套用英雄傳說模型的故事，會找到許多值得令人玩味的內容。

「ＩＳＩＳ編輯學校」也有借鑑這個「英雄傳說」編寫故事的「故事編輯術」課程，即使是覺得自己與寫故事無緣的人，只要善用所謂的「模型」，就能寫出精彩的故事。

除了善用前述的「英雄傳說」模型，還可以利用一些編輯技巧觸動讀者的內心，例如前述的「預留伏筆與揭露」的編輯術就是讓讀者感動的技巧，也是非常重要的故事編輯手法。

要在不同的階段埋下何種「伏筆」，又要以何種方式「揭露」呢？徹底運用自古傳承的故事原型與編輯技巧，將可讓催生精彩故事的技巧更加爐火純青而充滿趣味。

故事：處理難以言喻之事的裝置

故事原型不僅可幫助我們創作精彩的故事，也是與自己、與他人溝通的重要工具，不僅可幫助我們了解自己的內在，更可讓團隊更加團結。

人類的大腦與內心內建了某種迴路，而這種迴路正是自神話時代傳承至今的故事原型。當某種人類非常熟悉的故事原型觸及前述的敘事迴路，我們的情緒就會掀起一波波漣漪。

若上述的邏輯成立，這個故事原型不僅可套用在好萊塢電影或小說，還可以是傳遞訊息的工具，或是與同伴分享願景的工具，因為利用這個故事原型為傳遞訊息的載體，就能以不同的方式進入受眾的敘事迴路。

更重要的是，只要套用故事這種資訊格式，就能分享「情緒」、「印象」、「感性」這些不可一概而論又無法直接了當說明的資訊。

故事在組織、地區、社群也是重要的精神支柱。一如我們每個人都內建了敘事迴路，每個組織也有自己特有的敘事迴路，重新檢視藏在組織文化或「組織本色」（→ P.147）深處的敘事迴路，再透過故事原型敘述藏於敘事迴路之中的願景或訊息，應該就能整合集團（組織）的想法、存在意義與未來的方向。

前述的編輯工學研究所的「根源編輯」（→ P.139）也可解釋成分析企業敘事迴路的構造，一同建造邁向未來所需的英雄傳說模型的步驟。

編輯工學研究所將這種重視故事性的方法稱為「敘事法」（narrative approach），與所謂的「說故事」（storytelling）完全是兩種不同的方法。

如果透過廣告宣傳企業品牌故事的手法屬於「說故事」的一種，那麼透過故事強化受眾體驗或影響受眾價值觀的手法就是前述的「敘事法」。在資訊爆炸的現代，不管客體在外部還是在內部，一廂情願的「說故事」，是無法將資訊傳遞給客體的，因此，能透過故事引起客體共鳴的敘事法也在不同的場合扮演愈來愈吃重的角色。

社會科學與臨床科學的領域自一九九〇年代之後，曾掀起一波「敘事學的討論」，也有不少以「敘事」(narrative）為關鍵字的理論與嘗試得以實現。在這些領域之中，以故事為主軸的方法論同樣稱為「敘事法」，目前也於醫療、老年照護、企業或教育備受關注。

就時代背景而言，為了追求合理性與效率性，而重視「理論」(theory）的各類第一線，也總算重新檢視蘊藏於「敘事」的力量。相對於重視「必然性」、「普遍性」、「規律性」的「理論」，敘事重視的是「偶然性」、「差異性」與「意外性」。

因此敘事除了可替混沌不明的現實勾勒輪廓，一旦成為根深蒂固的「故事」，就能輕易地制約現實。

根據野口裕二《敘事與共同性》(暫譯，原書名『ナラティヴと共同性』，青土社，二〇一八年）的說法，發現這種足以宰制現象的主流故事（dominant story），以及經過相對化的過程之後，可讓新的「敘事型故事」出現，這在臨床似乎是「敘事法」的關鍵。

一如本章開頭的「方法01　分則通、通則變『音段化』讓工作有所進展」所述，在這個已經充滿分類、貼滿標籤的世界裡，我們或多或少都已經接受了「就是這麼一回事」的概念（→P.37），而「反學習」這些概念有多麼困難與重要，我們已從盧卡斯創造的角色「尤達大師」身上學到（→P.123），而這個角色也是前述的「成年禮」(initiation)的象徵。

不過我們也能自行裝備跳脫固有框架的「類比思考術」(→P.66）以及從自身與環境的關係發掘意義與新世界觀的「環境賦使」觀點（→P.106），還有能充份喚醒假說思考的「溯因推論法」。

透過這三項裝備驅動的想像力，正是創造全新代替故事的機動力。

跟著全新的故事，逃出充滿束縛的世界

透過文學探索想像力為何物的法國哲學家加斯東・巴舍拉（Gaston Bachelard，一八八四—一九六二）曾說解構原有的想像，正是想像力發揮的時刻。

人們往往將想像力解釋成形塑想像的能力，但想像力應該是讓那些來自感官的想像變形的能力，所以也是讓我們擺脫這些基本想像，改變想像的能力。如果我們腦海之中的想像沒有任何變化，想像之間也沒有前所未有的結合，我們就沒有所謂的想像力，也不會進行任何想像。

——加斯東．巴舍拉《空氣與幻想：論對運動的想像（新裝版）》（*Air and Dreams: An Essay on the Imagination of Movement*）日文譯本『空と夢〈新装版〉：運動と想像力にかんする試論』經典譯叢二一，法政大學出版局，二〇一六年

為了「讓想像產生變化，以及產生前所未有的結合」，故事這種資訊格式也會比想像力先一步運作。

喬瑟夫．坎伯（Joseph Campbell）曾於與莫比爾（Bill Moyers）合著的《神話的力量》（*The Power of Myth*）提到我們能從神話的故事原型得到什麼體悟：

神話沒辦法告訴你，什麼能讓你感到幸福，卻能告訴你在追求幸福的過程中，會發

生什麼事以及遇到什麼。

換言之，故事不會預測「是什麼結果」，只會讓我們預習「是怎麼樣的過程」。接著坎伯又這麼說。神話並非虛構的。常有人說，神話與究極的真理只有一步之遙，我覺得這真是非常貼切的形容，因為任何究極的事物都是難以言喻的，所以神話才會只差一步就是真理。究極的事物是超越言語與想像的，也超越那個束縛意識的外圍環境。神話能讓我們的精神超乎這個外圍環境，將精神拋向那個能意會，卻難以言傳的世界，所以神話是距離究極真理一步之遙的真理。

神話故事的世界能將我們帶往那個「僅能意會，難以言傳」的世界，也是接觸「距離究極真理一步之遙的真理」的媒介。接著坎伯又引用「英雄傳說」丟出下列的問題：

以神話的角度思考，能讓你在那座『淚之谷』（基督教世界的用語，意即痛苦受難之地）遇見避無可避的苦痛與困難時，懂得如何折衷地活下去。在你覺得自己陷入人生之中的低潮或低谷時，就從神話學習那些正面價值吧。最大的問題在於，你能否

——打從心底對自己的冒險說出『YES』。——

第二章「讓世界與自己重新連結的方法」是讓囿於常規的觀點產生改變（分離），一邊將負轉為正，一邊克服這世上任何不可抗力的現象（成人禮），讓自己找回自己（回歸）的方法，也是讓我們踏上未知旅程冒險的契機。

將音段化的自由視為入口，並於想像力的山峰與河谷崎嶇前進，最終將遇見故事編織而成的風景，而這就是山峰與河谷的出口。如果在本該是起點的地方見到了不同的風景，這就是編輯力已經受到完全激發的證據。

第3章

讓才能開花結果的「編輯思考」十種方法

方法
01

發現思考的盲點
注意力與過濾器

當我們在思考或是有所感受的時候，「注意力」（attention）往往會先啟動。在我們專注於任何事物之前，是無法產生任何想法與情緒的。

你現在身邊有紅色的東西嗎？請先環顧四周找找看。有沒有因為這樣而突然發現那些原本與風景融為一體的事物？當我們將注意力放在「紅色」，紅色的東西應該會映入眼簾。

其實日常生活也有類似的情況。比方說，有打算搬家，就會開始注意房屋仲介的資訊，有打算舉行婚禮，就會開始注意禮服。當我們想到一些特定的事物，眼光自然而然就會停留在相關的資訊上，而這種現象就稱為「彩色浴效應」（Color Bath Effect），這也是說明在日常生活中，我們是如何不知不覺地篩選事物的現象。

我們並不是先思考才注意事物，而是先「注意事物」才產生所謂的認知與思考。在編輯工學的世界裡，將這種注意力的箭頭稱為「注意力的游標」，也將這種注意力的游標視為先於任何編輯作業的重要環節。

那麼這種「注意力的游標」又是怎麼畫分大量資訊的呢？我們是透過個人喜好或觀點這種「過濾器」取捨與挑選資訊的。

接著讓我們一起抓住「注意力的游標」與「過濾器」是如何主動蒐集資訊的感覺吧。

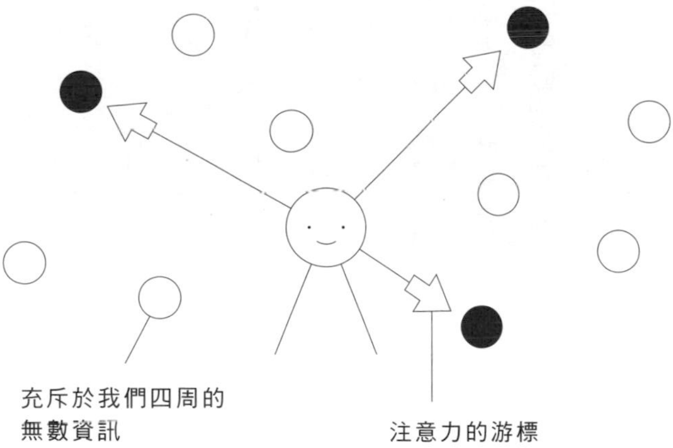

【圖 22】方法 01　注意力與過濾器 1

練習1▽注意力與過濾器

喜歡的東西・多餘的東西

請盡可能地回想在你的房間之中，哪些是「喜歡」的東西，哪些是「多餘的東西」，請思索記憶之中的「房間」長什麼樣子。如果你現在就在自己的房間裡，請先試著回想一下再環顧房間。

Hint

▽可以是這個房間裡的東西，也可以是窗戶、牆壁、隔間這類屬於房間的特徵。請試著將注意力放在房間裡的跡象、氣味或殘像。

▽請不斷地切換過濾器，盡可能列出「喜歡的東西」與「多餘的東西」。

Date:　　/　　/

Worksheet

練習 1 ▷注意力與過濾器

▷ 喜歡的東西

▷ 多餘的東西

練習1▽注意力與過濾器　解說

大家總共蒐集到多少「你房間裡面的東西呢」？在汲取存於記憶之中的資訊時，大腦之中發生了什麼事？試著回溯這一切，也是能提升編輯力的絕佳訓練。

有些人會從入口依序搜尋需要的資訊，有些人則是讓注意力的游標隨機指向不同的位置，有些人則是站在高處，俯瞰整間房間，平常難以察覺的思考盲點也會在這種訓練過程中曝露。

如果能將注意力放在表面的影像，那麼注意力的游標不僅能移動到觸目所及之處，還能移動到收在抽屜或櫃子裡面的東西，而且從窗外射入屋內的陽光、聲音、味道、回憶或是時間留下的痕跡，這些不具實體的資訊也是「屬於你的房間的東西」，如果大家除了視覺之外，還能隨心所欲地感知來自五感的資訊，那就真的太棒了。

明明只是回想自己再熟悉不過的場所，卻是很辛苦的訓練對吧？那是因為省思自己的思考過程，本來就一件極度耗費能力的事，不過也能從過程中察覺平常有多少資訊流入大腦這點對吧。

不知道大家是否也從過程之中感受到，切換「喜歡的事物」與「多餘的事物」的過濾器，就像是調整收音機的頻率，接收到的資訊也完全不一樣呢？話說回來，所謂的「多餘的東西」又是根據什麼觀點判斷的呢？在上述的訓練過程中，大家應該都先想過這個問題吧。

沒有過濾器就無法篩選資訊。「過濾器」本身是中性的，沒有善惡之分，只是主掌資訊篩選的認知功能。有時這種「過濾器」會像是「有色眼鏡」，讓我們產生偏見，有時卻是幫助我們找到「自我座標軸」的重要功能。注意力與過濾器會形塑每個人對這個世界的看法。

能否隨心所欲地操作這個過濾器是蒐集資訊的重點。創意豐富的人往往能隨時切換上述的濾鏡。就算只是先啟動注意力與過濾器，思考的品質也會大幅提升。

來自第二章的提示

01

分則通、通則變
「音段化」讓工作有所進展

第二章是從整理凌亂的房間開始（→P.40）。那麼該從何處開始動手整理呢？在毫無特徵的資訊打入楔子，事情就會開始有所進展。「試著在錯綜複雜的『海量資訊』植入標點符號」這句話，可說是本書介紹的編輯過程的起點。

不過這裡還有個必須解決的問題，那就是「該在何處植入標點符號」。注意力與過濾器和這個起點息息相關。

目前的人工智慧（Artificial Intelligence，ＡＩ）還不具備人類與生俱來的「音段化」（articulation）能力，而這項人類最強的本能一樣是由「注意力的游標」激發。如果想創造比音段化更具震撼力的全新價值，只注意一次是不夠的，後續的一切全由編輯力的高低分勝負。

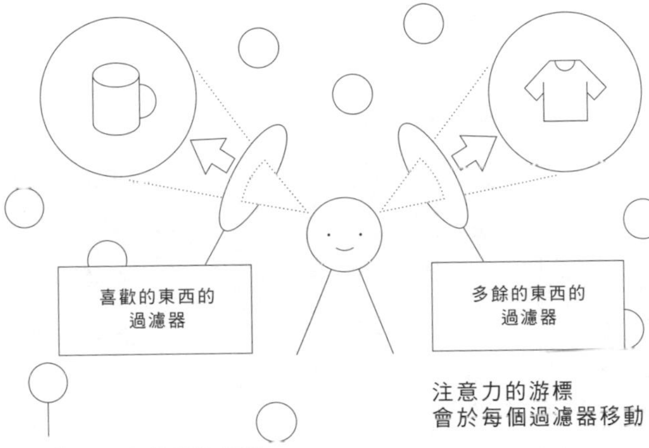

【圖 23】方法 01：注意力與過濾器 2

發現資訊的差異與質變，從無數筆大小不一的資訊套用最理想的過濾器，再根據資訊的特徵選出最特別的區間。經過琢磨的注意力將觸發充滿創意的編輯力。

由此可知，監控自我思考盲點的注意力與過濾器將是我們斬開這混沌世界的利器。

「分則通、通則變」將從察覺（注意）某物開始。

方法
02

對照資訊的周邊花絮
聯想網路

透過注意力與過濾器篩選資訊之後，接著要擴張這些資訊的可塑性。雖然編輯是一連串「聯想」與「摘要」輪番啟動的過程，但要能自由發想，就必須先強化「聯想力」。

在此要請大家先注意一點，那就是資訊一定有其「周邊花絮」。不管資訊的脈絡為何，一定和其他資訊有所關聯。松岡正剛曾提過「資訊無法離群索居」，察覺資訊的多面性，可說是擴張編輯力的第一步。

為了隨時能夠踏出上述的第一步，建議大家養成快速瀏覽相關資訊的習慣。在編輯工學裡，將這種「有周邊花絮的資訊集合體」稱為「想像循環」，或稱為「聯想網路」，也非常重視這類資訊集合體。一如探照燈除了打亮目標物，還會連同目標物的周邊一併打亮，這種想像循環或是聯想網路，就是連同想像的「周邊資訊」也一併解讀的方法。

語言世界裡的聯想網路稱為「詞庫」(thesaurus)，我們必須努力擴張詞庫或是察覺想像循環，才能讓自己的觀點變得更靈活，更能從不同的角度解讀資訊。只要養成這項習慣，就能在不同的思考框架之間跳躍，編輯力也將大幅提升。

接下來要請大家以練習 1 蒐集到的「喜歡的東西」為起點，試著體驗隨意擴張「聯想網路」的感覺。這個練習的重點在於「短時間內」與「高速」這兩點。

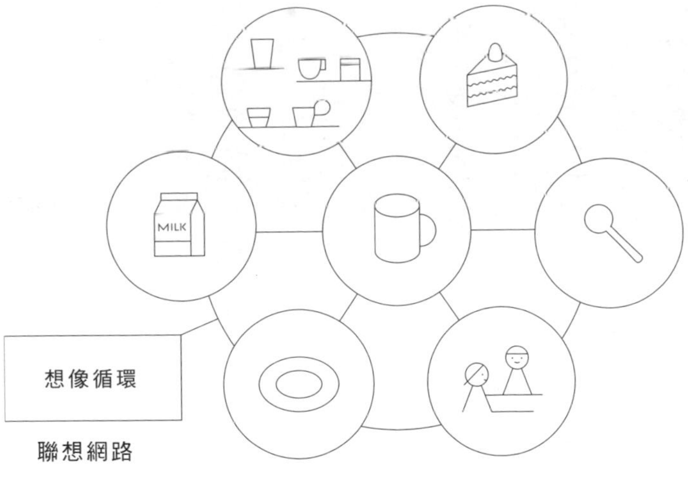

【圖 24】方法 02：聯想網路 1

練習2▽**聯想網路**

我的最愛的聯想練習

請從「放在房間裡的喜歡的東西」挑出一個「最喜歡的東西」，再從這個東西向外延伸，盡可能列出與這個東西有關的東西（限制時間：三分鐘）

Hint

▽根據篩選所得的資訊自由聯想。過程很像是讓探照燈不要那麼集中，藉此蒐集資訊的周邊花絮。

▽若是放任自己天馬行空亂想，有可能會想得太多而偏離原始資訊，所以根據一開始篩選所得的資訊，列出一個個直接相關的資訊即可。

▽聯想到的資訊不一定非得是「放在房間的東西」。

Date:　　/　　/

Worksheet

練習 2 ▷ 聯想網路

▷ 放在房間裡面的最喜歡的東西

▷ 盡可能列出與那樣東西有關的東西
（至少列出 5 個）

練習 2 ▽ 聯想網路 解說

在練習 1「從你的房間挑選喜歡的東西」之際，首次套用了「喜歡的東西的過濾器」，之後為了從中出「最喜歡的東西」又再次套用了過濾器。這過程就像是讓探照燈一會兒聚焦，一會兒模糊，而我們也很常在日常生活之中，將焦點放在特定的資訊，或是放大焦點，囊括更多的資訊。

之後又請大家從挑選的某件東西開始延伸與聯想，而大家是否注意到在這個「要聯想什麼」的階段裡，注意力與過濾器啟動了呢？

現在我的眼前有個「有田燒的馬克杯」，而我打算從這個馬克杯開始聯想。我有可能會聯想到「這個馬克杯是在哪裡買的」，有可能會將焦點放在杯子裡面的「飲料」，或是會想到其他中意的「有田燒」餐具，更有可能想到用這個杯子「一起喝咖啡的人」，而「」之內的東西就是「過濾器」，之前也請大家試著將注意力放在這些東西上面，然後將這些東西一一列出來。

由此可知，單一的資訊往往具有多種切入點，主動切換這些切入點，就能從不同的角度瀏覽資訊。為了幫助大家做到這點，接下來要為大家介紹一個小祕訣。

那就是「試著更換助詞」。只要試著以「マグカップ『が』……」（馬克杯「是」……）、「マグカップ『の』……」（馬克杯「的」……）、「マグカップ『を』……」（「將」馬克杯……）的方式，更換與資訊緊密結合的助詞，就能賦予後續的資訊截然不同的風景，想必大家都能體驗這點才對。日文的助詞「是、的、將、於、往、與、起、從、在、或／等等」（が、の、を、に、へ、と、より、から、で、や或其他助詞）就像是磁鐵，可串起接下來的資訊。只要利用資訊吸附在詞彙之上的這項特性，就能在聯想的過程中，陸續蒐集到各種面貌的資訊。

這個祕訣雖然不是那麼起眼，卻能幫助我們切換觀點。請大家試著在其他的事物上用用看這個祕訣。當大家能像是切換螢幕般，隨心所欲地切換腦海裡的想像，代表大家的思考也變得更加靈活了。

來自第二章的提示

02

比較、組合、錯開

創新所需的「洞察力」

所謂的「創新」不一定是從0生出1的過程（→P.46），更常見的是從既有的知識與事物的組合之中誕生的情況。若能在不同的資訊畫出對角線，就能催生出新事物。

要發現資訊與資訊之間的關係線，就必須盡可能對各種資訊抱持著好奇心。要打造「創新體質」，就必須先打造「發現相關性的體質」，所以才需要先打造「聯想體質」。隨時都能從資訊的「周邊花絮」找出聯想網路與詞庫，發現事物相關性的能力也會瞬間提升。

一如生命的編輯流程，不需要從一開始就要求自己根據完美的設計圖蒐集需要的資訊，尤其編輯的潛力往往來自偶然與意外。「修補術」（組合現有的東西，藉此創造新事物或突破困境的方法）可幫助我們創造更多效果、意義與價值。能自由「聯想」

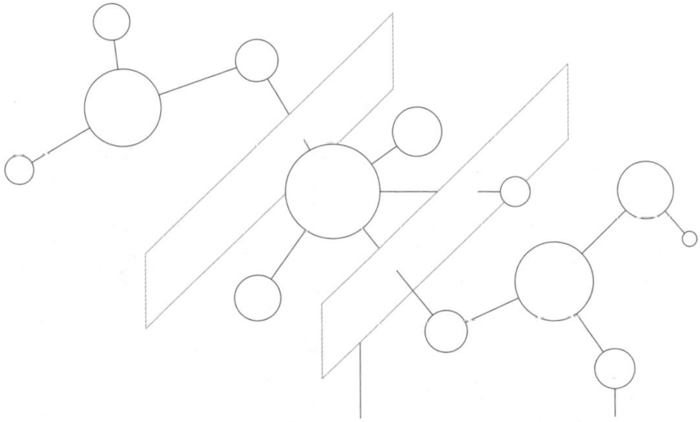

【圖 25】方法 02：聯想網路 2

也意味著能拓寬「修補術」的應用範圍（→P.49）

蓋伊瓦所說的「對角線科學」一可幫助我們檢視難以重新分類的資訊（→P.54）。

只要以不同的觀點在這些資訊畫出對角線，那些不時阻擾我們重新看待事物的成見也將分崩離析，而為了畫出對角線，一定要不斷地訓練自己，讓自己能以不同的切入點看待事物。

方法
03

讓觀點一百八十度轉變
資訊的「地與圖」

在介紹方法02的時候，帶著大家以「聯想」的方式擴張資訊可塑性的手法，但如果想要更熟悉這種聯想手法，就必須先知道一些基本的觀點，例如要先了解資訊的結構或是激發聯想的因素。

任何資訊都可拆解成「地」(ground)與「圖」(figure)，「地」就是資訊的背景，「圖」則是資訊的圖像，與「圖」相當的資訊是以「地」的資訊為載體，換言之，資訊的「地」與「圖」就像是「分母」與「分子」或「脈絡」與「文意」的關係。區分「地」與「圖」這兩種資訊可說是基本的編輯技巧。

第一步，先將資訊拆解成「地」與「圖」，光是經過這個步驟，就能進一步認識貌似錯綜複雜的資訊世界。接著便可利用「地」的資訊讓「圖」的資訊驟然變貌，這個練習可幫助我們訓練「發想力」以及觀察事物的靈活度。

比方說，在方法02介紹的「有田燒馬克杯」也是在改變「地」的資訊之後，讓「圖」的樣貌為之改變。

假設是放在房間的馬克杯，就有可能是用來喝咖啡的杯子，如果擺在店裡，這個馬克杯就是「商品」，擺在倉庫就是「庫存」。對佐賀縣有田町的人而言，這個馬克杯是「產品」，若放在流理台裡面，就是「要洗的杯子」，若丟在垃圾場，就會是「不可燃的垃圾」。

只要像這樣切換「地」，就能取得

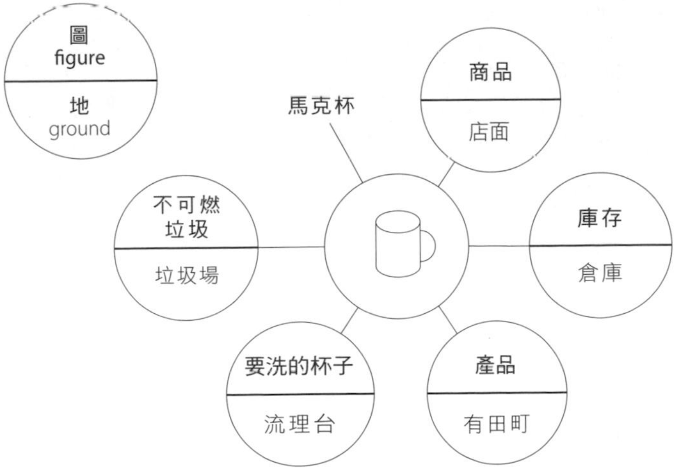

【圖26】方法03：資訊的「地與圖」1

各種「圖」的資訊。也就是只要改變「地」，「圖」也會跟著改變。有機會的話，請大家體驗一下這個持續切換觀點的過程。

練習3▽**資訊的「地與圖」**

換句話說的型錄

請挑選下列其中一個的詞彙，再將該詞彙換句話說。請不斷地更換「地」，盡可能列出不同的答案！（時間限制：三分鐘）

A：會議　B：結婚典禮　C：育兒

Hint

▽調整「在〇〇方面」、「對〇〇而言」的「〇〇」，就能更換「地」。
▽若能像是切換電視頻道般，不斷地切換場所、人、立場、關連，就能掌握「圖」不斷切換的感覺。

Date:　　/　　/

Worksheet

練習 3 ▷資訊的「地與圖」

▷ 挑選的詞彙

▷ 換句話說的答案：
列出的答案愈多愈好
（至少 5 個）

練習 3 ▽ 資訊的「地與圖」 解說

即使是司空見慣的單字，也有很多面向。

以「會議」為例，若是小組會議，就有「分享資訊」或「激發創意」這類面向，而在經營團隊的眼中，「會議」是「形成共識」或「擬定決策」的場合，對新人來說，或許會是「試膽大會」或「學習與成長」的場合，但對負責改革業務流程的而言，會議或許是「裁員」的場合，至於「日本學術會議」就不是會議，而是負責審議的機構。

至於「結婚典禮」的部分，對新人來說，結婚典禮是「喜慶之日」，在後續的夫妻生活之中，又是「紀念日」或是「一輩子的回憶」，對新人的父母親來說，是小孩「離巢獨立」或是「開啟新生活」的日子，對參加婚禮的來賓而言，雖然也是「喜事」，但也有可能是「散財」的場合。對飯店來說，既是「案件」也是「正式活動」，對小女孩來說，有可能會是「成為新娘的日子」。只要換個角度，就會看到「結婚典禮」的各種面向與風景。

在從不同的角度觀察事物之際，「結婚典禮」到底是什麼？「會議」又有哪些面向？「育兒」又能告訴我們什麼？這些日常的事物能幫助我們從平常視而不見的角度觀察事物。

不過，若只是觀察而不思考，是無法切換「地」的資訊的。建議大家一邊切換形同資訊的分母或脈絡的觀點，也就是切換「在○○方面」、「對○○而言的××」這些部分，一邊切換「地」的資訊。

若想進一步編輯，不妨積極應用隱喻（metaphor）與「推測」，讓想法完全釋放。常言道「育兒也是自我成長的過程」，而這種說法就是將「養育者」的「地」從「小孩」切換成「自己」的觀點，這還真是寓意深遠的說法啊。

若能從不斷地切換「地」，以及站在不同的角度觀察「圖」的過程中，感受到「咦？原來還有這種觀點啊？」代表這個練習非常成功，此時請大家務必在日常生活之中溫習這種感覺。

來自
第二章
的提示

03

換乘、汰換、換裝
「跳脫」成見的方法

編輯就是「不斷切換聯想與摘要」的過程。

而最基本的「聯想」技巧就是切換前述的「地」，至於「摘要」則是精簡「圖」的方法。雖然「聯想」與「摘要」是編輯的兩大支柱，但要激發創意，第一步還是要先熟悉聯想的技巧。

所謂的「聯想」就是於「框架」或「架構」這類腦中資訊結構來回穿的狀態(→P.56)。剛剛也提過，調整「在○○方面」或「對○○而言」的部分，「地」的資訊就會改變，但其實這種調整就是在「框架之間來回跳躍」的意思。雖然「框架」與「架構」在我們認識事物的過程中扮演著重要的角色，但如果這些框架或架構靜止不動，我們對事物的認知就會僵化，也就是陷入「死腦筋」的狀態。

為了讓我們的想法保持靈活，希望大家都能處在能自由驅動「框架」或「架構」

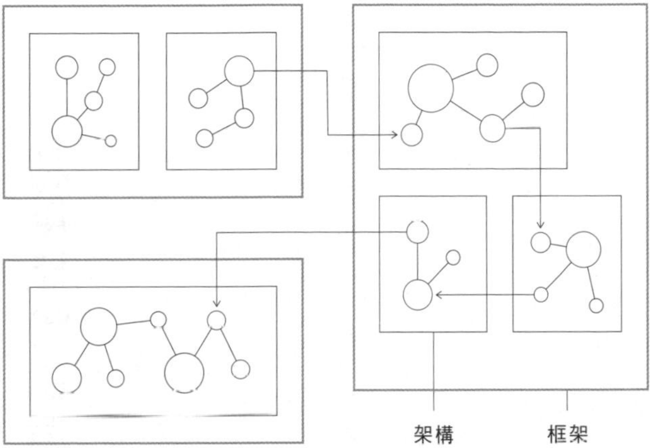

【圖 27】方法 03：資訊的「地與圖」？

的狀態。資訊的「換乘、汰換、換裝」其實就是主動讓框架或架構換乘、汰換、換裝的狀態。

能幫助我們進入上述狀態的方法就是將資訊拆成「地與圖」的手法，而這個手法我們已在前一節體驗過了。

閔斯基提到，只有驅動「類比思考力」才能讓想法在框架之間來回跳躍（→P.63）。

接著讓我們在下一個方法介紹「切換地與圖的力量」與「類比思考力」之間的關係為何如此緊密。

方法
04

利用比喻創造突破的類比式溝通

時常思考事物「相似之處」，可以刺激編輯力。除了觀察事物的外表或模樣的相似之處，將注意力放在類似的構造或相關性，再進行推論的思考模式就是所謂的「類比思考」。所謂的類比思考就是「將甲物視為乙物」（→ P.69）的過程，而當我們試圖找出「甲物」與「乙物」之間的「相關性」，類比思考就會隨之啟動。要在乍看之下毫無相關性的事物之間勾勒出有如千絲萬縷的關係線，就必須能從多個面向觀察資訊。要能從多個面向觀察資訊，就必須訓練自己的聯想力，說得更直接了當一點，就是必須讓自己擁有辨識資訊的「地與圖」的能力，進而調整「地」的資訊，讓「圖」的資訊變得更加多元。

當我們能從不同的面向觀察事物，就會從這些事物發現未曾察覺的組合或連結，對新事物的看法也將更加開闊。

此外，當我們能靈活地應用「類比思考術」，溝通的品質也會大幅提升。即使是得長篇大論才能解釋的內容，也能簡單扼要地說明，還能讓對方進一步想像你的話中之意，或是讓對方對你所說的話產生好奇心，達到言簡意賅的效果。

每個人在與別人交流的時候，通常是透過上述的類比或比喻描繪想法的輪廓，很常是透過完全正確的定義建立溝通。

利用「已知」的事物比喻「未知」的事物，再進行說明或理解。

接下來要請大家一邊練習「比喻」，

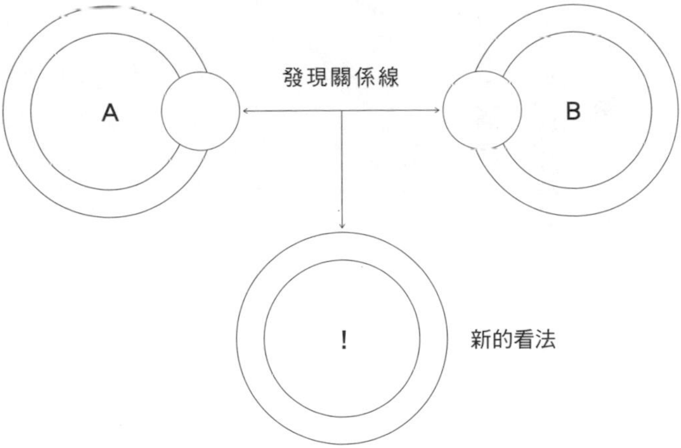

【圖 28】方法 04：類比式溝通

一邊親身感受類比思考在溝通過程中所能發揮的威力。

練習 4 ▽ 類比式思考

試著比喻

請試著以五歲小孩也能聽懂的方式說明以下三項事物。務必善用「像○○的東西」這種比喻。（時間限制：五分鐘）

A：Instagram、B：免費加班、C：股價

Hint

▽請先想像你在跟別人聊天的時候，身邊有個五歲小孩突然問你「股價是什麼啊？」你能否簡單明瞭地說明，直到小孩聽得懂為止呢？有時愈想說清楚反而愈偏離主題，對吧？讓我們利用「像○○的東西」這種比喻式溝通或類比式思考，突破這個困境吧。

▽第一步要先思考「上述這三樣事物與五歲小孩知道的哪些事情相似」。

Date:　　/　　/

Worksheet

練習 4 ▷類比式溝通

▷ 挑選的主題

▷ 說給五歲小孩聽的解釋

練習 4 ▽ 類比式思考 解說

善於「打比方」的人通常是溝通無礙的人，在學校受歡迎的老師，或是能在職場帶領團隊走向正確方向的團隊負責人，往往是擅長「打比方」的人。這種透過比喻說明事物的類比思考力不僅能讓聽話者快速理解內容，還能打動對方的內心，引發對方的好奇心，有時甚至能為對方帶來靈感，在對方心中掀起一波波的漣漪。

這次的練習是為了讓大家親身體驗一下，類比思考在溝通過程中的威力。

先了解五歲小孩知道的詞彙，以及在他們的世界之中，存在著哪些事物，之後再試著透過這些詞彙或事物的構造說明主題。將上述的過程寫成文字之後，有可能會覺得上述的過程很麻煩，但其實這一連串的思考是在瞬間完成的。

在這個瞬間裡，聚焦的位置不同，說明的內容也會跟著不同。以「Instagram」為例，可以從功能著手，將 Instagram 比喻成「像相簿或日記的東西」，也可以從使用者的心態著作，比喻成「你給好朋友看了自己喜歡的東西之後，如果對方覺得很棒，你是不是會覺得很開心？Instagram 就是讓你秀這些東西的地方喲」。至於「免費加班」的部分，說明的內容也會隨著立場是公司或員工而產生改變，也會出現判斷「何者為優，何者為劣」的價值觀。「股價」的部分也能從股價對公司的意義說明，或是盡力說明股價的原理。

當大家在進行上述的練習之際，所謂的「注意力」會指向某處，負責篩選資訊的「過濾器」也會跟著啟動。

大家是否發現 A→B→C 這三個主題的資訊，愈來愈複雜呢？

「Instagram」是某種事物，但「免費加班」則有「誰透過免費得利」的這個部分，而「股價」的關鍵則在於該如何說明複雜的「市場原理」，這可是比想像中困難的挑戰，我曾遇過以「寶可夢卡片」將「股價」說得簡單易懂的人。

若能培養類比思考的能力，就能透過某種模型說明在外表上的相似，漸漸地，還能抽絲剝繭地解說複雜的構造。

來自
第二章
的提示

04

尋找相似之物
靈活的策略思考——「類比思考術」

在依照下列的步驟進行類比思考之後，應該覺得自己對於類比思考有了更深一層的體驗了吧。

1. 尋找「相似之處」
2. 借用「相似之物的構造」
3. 套用「借來的構造」

借用與套用相似之物（→ P.72）。

在思考「有什麼與這個東西很相似」的階段裡，聯想力會接二連三地啟動，此時應該會試著替「Instagram」、「免費加班」或「股價」換句話說，試著透過聯想網路蒐

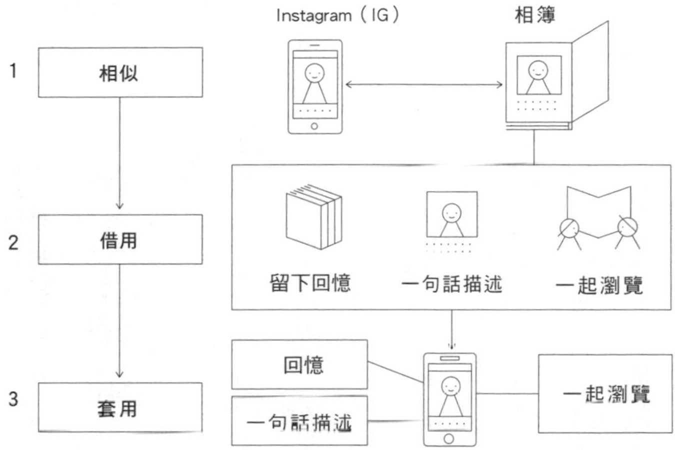

【圖 29】方法 04：類比思考術

集這些主題的周邊資訊，並且不斷地嘗試「以甲物說明乙物」，直到想到完美的比喻為止。

在上述的聯想與嘗試的過程之中，絕少不了你的觀點。當「你」以自己對五歲小孩的感覺試著了解Instagram、免費加班、股價這三個主題，那個「將甲物視為乙物」的齒輪將開始轉動，因此驅動的類比思考或創意也將帶著你找到最適當的比喻。

一如蓋伊瓦所述，人類具有「尋找相似物」的本能（→P.81）。找到類似之物的興奮感或爽快感，正是人類對類比思考欲罷不能的原動力。

方法
05

利用嶄新的切入點分類帶入座標軸

人類一直以來都是透過「分類」達到「理解」的狀態，比方說，動植物的種類、學問的範疇、圖書館的標籤，就連超市都會將商品分門別類再擺到架上，醫院也會分成外科、內科與其他科別，企業的組織則可分成不同的部門與課別。

我們居住的世界早已受到各種觀點分類，我們也毫無懷疑地在這個「由他人一手分類」的世界度過日常生活。

雖然下列的解釋有些多餘，但是資訊若未經過分類與貼標籤，我們絕無法掌握如此龐大的資訊，我們的社會也是在這類標籤流通之後才得以正常運作。哪怕這個世界早已受到各種觀點分類，只要我們能從全新的切入點或分類的座標軸，重新看待這個如同空氣般圍繞在我們身邊的世界，有時就能得到前所未有的見解與認知。

舉例來說，有些超市會將「內衣」與「牙刷」放在不同的專區，但有些超商卻會將這兩項商品放在一起，歸類為「過夜用品」，有些超商會把「煙火」與「海灘涼鞋」放在不同的專區，但日式大型連鎖店「唐吉軻德」卻是將這兩項商品放在同一區，歸類為「去海邊遊玩的用品」。

由此可知，不同的切入點會產生不同的分類，而當分類有所改變，也會賦予這些商品不同的定義。

「帶入全新的座標軸」可賦予看似平凡的資訊全新的訊息。接著就請大家在下個練習之中，試著以全新的角度觀察再熟悉不過的風景。

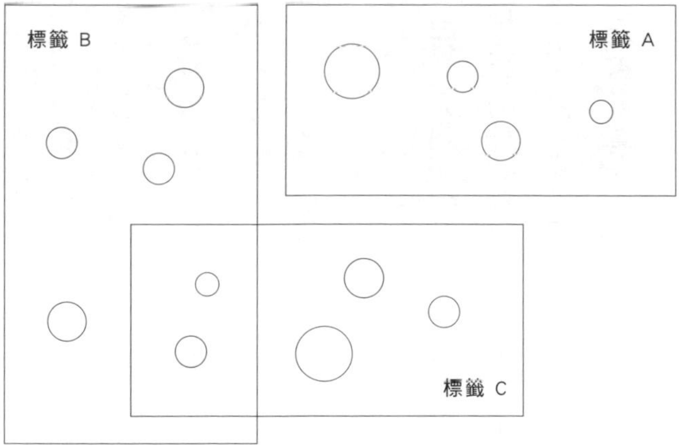

【圖 30】方法 05：帶入座標軸

練習5▽帶入全新的座標軸

分類遊戲

請將練習1的「喜歡的東西與多餘的東西」全部混在一起，再替這些東西建立三至五個群組，此時請試著找出截然不同的分類座標軸。

（時間限制：十分鐘）

Hint

▽讓我們試著打破既有的分類，帶入全新的分類座標軸吧，或是試著找出這些資訊的相似處與相異處，以及透過大致的分類找出全新的分類座標軸。

▽請不斷地尋找與套用全新的分類座標軸，從中找到有趣或出乎意料的切入點。注意，抱著遊戲的心情進行這項練習最重要！

Date:　　/　　/

Worksheet

練習 5 ▷帶入座標軸

▷ 帶入的分類座標軸（以什麼為分類？）

▷ 分類（寫出群組的內容）
請試著建立 3 至 5 個群組

練習 5 ▽ 帶入全新的座標軸 解說

如果大家在看著房間那些「喜歡的東西」與「多餘的東西」時，隱約察覺某些資訊特徵或是於這些東西之間迸現的相關性，請試著透過這些特徵或相關性假設為「全新的座標軸」。

不知道大家似乎從「收納處」與「用途」或是其他再平常不過的分類找到有趣的切入點了呢？有沒有試著以「松竹梅」這三個等級分類呢？或是試著以撲克牌的花色分類？如果以「海賊王」這部漫畫的角色分類，又會得到什麼結果呢？

如果沒辦法替所有東西分類的話，可試著尋找另外的座標軸。在這個不斷嘗試與失敗的過程中，資訊將不同重組，你對資訊的看法也將不同改變。當你試著以遊戲的心態尋找嶄新的分類，有可能會從這些事物之中發現之前未曾察覺的共通之處，或是屬於自己的新認知。

當你找到能完全套用在這些事物的分類座標軸，應該也會從中看到許多訊息。編輯工學研究所認為分類資訊是編輯流程非常重要的一環，也非常重視這個步驟，而這個架構也將成為計畫的骨架。

舉例來說，過去我們曾與理化學研究所一同推動「科學道一百冊」這個專案，其中以模仿科學家思考流程的六個步驟（第一步是提出疑問，接著是無止盡地蒐集資訊，從資訊導出規則、接二連三地失敗、宛如魔法、未來的開端）分類一百本書（→ P.295）。也仿效「調味順序：SA、SHI、SU、SE、SO」，也就是日本料理調味的順序，砂糖（さとう＝ satou 的 SA）、鹽（しお＝ shio 的 SHI）、醋（す＝ su 的 SU）、醬油（せうゆ＝ seuyu 的 SE）、味噌（みそ＝ miso 的 SO），在無印良品店門設置的 MUJI BOOKS 專區，設置以「SA（冊）、SHI（食）、SU（素）、SE（生活）、SO（裝）」這種座標軸分類的書櫃。

將宛如突變的異樣分類帶入現有的分類，往往可找到全新的關係線與定義。如果大家能以全新的分類座標軸認知那些「放在你房間之中的鍾愛之物或冗物」，尤其是能以不同的角度看待那些成為日常生活背景的物品，那麼這項練習就算是大功告成，也請大家務必將這種透過假設察覺事物有別以往之處的感覺，應用在各種事物的觀察上。

來自第二章的提示

05

「胡亂推測」的建議
突破僵局的「溯因推論」

找到前述的切入點或分類座標軸之後，溯因推論的齒輪就會開始轉動（→P.87）。在勾勒資訊的輪廓，尋找能完整分類資訊的座標軸之際，應該會依循溯因推論的流程進行，不知道大家是否還記得查爾斯·桑德斯·珀斯（Charles Sanders Santiago Peirce）提出的溯因推論法公式。

1. 觀察到「某個令人感到驚訝的事實C」
2. 但是當「用於說明該事實的假說H」為真，「事實C」便是再自然不過的現象。
3. 所以也有理由認為「假說H」為真。

若將這個公式套用在練習5的分類編輯，大概會是下列的流程吧。

1.「咦？」提出疑問（→發現每組資訊的特徵）

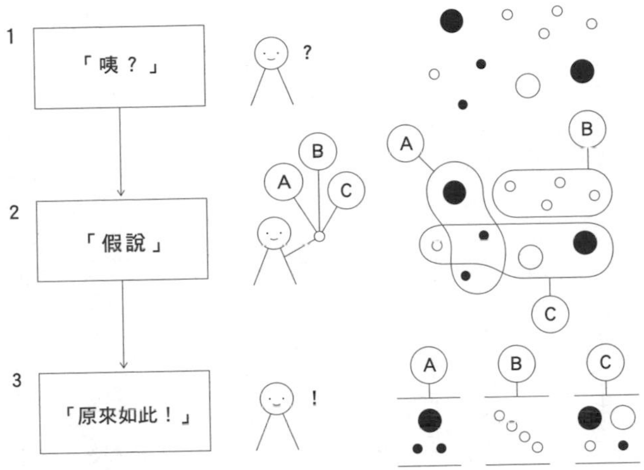

【圖 31】方法 05：帶入座標軸（溯因推論）

2. 套用（說明假說H）（↓帶入的分類座標軸），完整說明找到的特徵

3. 得到「原來如此，沒想到以假說『H』分類之後，可以從這個角度觀察資訊啊」的結論

若能在最後對資訊產生全新的認知，代表在分類的過程中，透過了溯因推論法得到一些線索。

以異質的切入點觀察資訊，是一種根據假說的推論過程，更是內心想法的表徵之一，不知道大家是否對「探究式邏輯學」有了更多的體驗了呢？

方法
06

透過組合創造意義
三點思考的模型

想必大家現在已經大致知道該怎麼分類眼前的資訊了。在將資訊分成三組、四組或五組，會導致每組的內容快速地更替。也有一開始先決定分類數的方法。在此要帶著大家體驗「將資訊放進三個容器」的過程，感受一下透過「模型」找出潛在資訊的方法。

在打算簡單扼要地說明事情時先總結出「三個重點」，就能知道絕對該說明的部分有哪些，有時也能因此整理出條理分明的論點。就算想說的事情多得數不清，還是要先試著將這些事情歸納為三個重點。

其實我們很常使用「三」這個數字整理某些具代表性或是特色鮮明的事物，比方說「三大美女」、「三大珍饈」、「御三家」、「三大神器」都是其中一例，這些以「三」這個數字總結的事物可說是多不勝數。

所謂的「概念」通常會在「成對」的時候產生，例如善與惡、明與暗、天與地、白與黑、陰與陽、雄與雌、正面與反面，而在這種成對的事物追加一點資訊，想像力就會受到激發，而追加的資訊有可能是全新資訊的「地」。

相反地，若是在一組不穩定的資訊追加新資訊，有時可讓這些資訊變得更加平衡與穩定。人類之所以喜歡「三個一組」的事物，全因「三」這個數字特有的擴張性與穩定性。接下來要帶著大家透過「三點思考」的模型找到前所未有的創意，帶大家體驗一下整個流程。

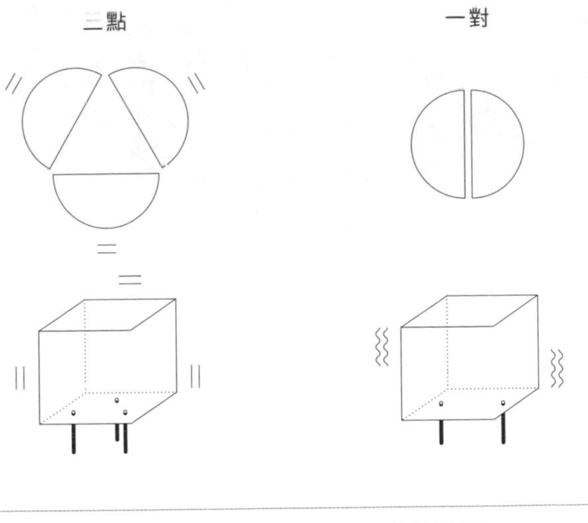

【圖 32】方法 06：三點思考的模型

練習6▽三點思考的模型

利用三個一組的重點自我介紹

請試著利用練習1的「放在房間裡的喜歡的東西與多餘的東西」介紹自己。請視情況使用各種「三點思考的模型」，並且替這些模型取一個最具「個人特色」的標題。用於自我介紹的三筆資訊不一定非都來自練習1，也可以是天外飛來一筆的新資訊。

三點思考的模型

- 三位一體→三個一組（三筆資訊互相拉扯的引力保持均衡）
- 三段跳連結→單腳跳（hop）、跨跳（step）、跳躍（jump）
- 兩點分歧→一分為二（從一個分成兩個）
- 合而為一→從組合創造新事物（兩個合為一個）

Date:　　/　　/

Worksheet

練習 6 ▷三點思考的模型

▷ 三位一體

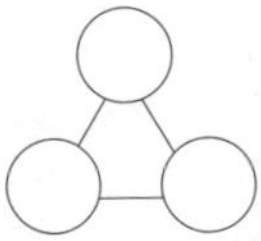

▷ 三段跳連結

▷ 兩點分歧

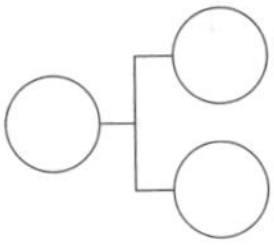

▷ 合而為一

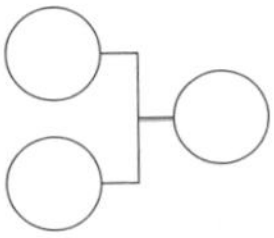

練習 6 ▽ 三點思考的模型 解說

剛剛請大家體驗了透過「三點思考」的模型尋找靈感的過程，而且就算是同樣的資訊，也會因為組合方式的不同，而產生截然不同的結果。

聽到「請以房間之內的喜歡的東西與多餘的東西介紹自己」的時候，若沒有任何可套用的模型，恐怕會不知道該從何處著手，又該介紹哪些內容對吧。

利用「三」這個數字的力量以及「三點思考」的模型，不僅可以找到編輯的起點，資訊的特徵與暗藏的訊息也將隱隱浮現。

利用「三點思考的模型」尋找新觀點的祕訣在於不要在一開始就急著找齊三筆資訊，而是要先試著將不同的資訊放進各種模型，再試著透過想像力填滿剩下的空格。

比方說，將先前提到的「有田燒馬克杯」放入「三位一體」模型之後，另外兩個空格有可能會是「巧克力與線香」，而這三個資訊會讓人聯想到「休閒時光」對吧。

如果是放入「三段跳連結」模型，模型之中的三個空格有可能會是「杯子↓馬克杯↓

啤酒杯」，也營造了「放鬆」的氛圍（最後會讓人想到啤酒），假設放入「兩點分歧」模型，另外兩個空格有可能會是「咖啡與熱牛奶」，也會讓人聯想到「起床與就寢前」的情況（想到喝這兩種飲料的畫面），至於放入「合而為一」模型，則有可能從「馬克杯+iPhone」得到「陽春版擴音器」（將 iPhone 插入空的馬克杯再播放音樂，可以得到美妙的迴音）。不管採用了哪種模型，一開始都沒有將模型的空格填滿，而是透過「模型」找出創意或是情景。

在利用「三點思考的模型」激發想像力與思考「標題」的時候，請試著以「也就是說……」的語氣反問自己，讓想像朝中心點收斂，而這種過程可說是非常簡潔有力的「聯想與摘要」的訓練。

來自
第二章
的提示

06

源自脈絡
拿捏平衡的「生態心理學」

靈感或創意不是旱地湧現的清泉，而是在不知不覺之中，受到某種事物誘發的結果，所以我們必須主動創造這種「誘發靈感或創意的狀態」，而前述的「模型」可幫助我們創造這種狀況，可讓我們產生想法，而這可說是靈感與想法的「生態心理學」（→P.106）。

在尋找三個一組的資訊時，大家應該都有靈光乍現的感覺吧？只要在其中一個空格填入資訊，就會想到可於其餘兩個空格填入的資訊，此時若是再填滿一個空格，可於最後一個空格填入的資訊就呼之欲出。大家應該會在不斷地更換這三個資訊之後，打造出三筆資訊猶如三足鼎立的構造。在模型與想像力的交互作用下，可找到超乎想像的創意。

不是一切由思考控制，也有如前述般透過「模型」誘發的想法，所以請大家務必

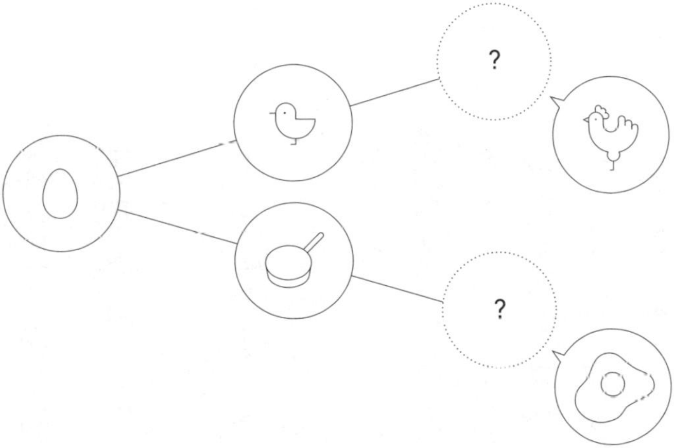

【圖33】方法06：三點思考的模型（溯因推論）

善用「模型」。

許多思考的模型都是以框架的方式流通，但建議大家使用「三點思考」這種最基本也最通用的模型即可。

ISIS編輯學校除了前述的四種模型之外，還加入了「二軸四方」這種配對模型，並將這五種模型統稱為「編輯思考素」，而這種「思考素」可幫助我們找到前所未見的靈感。

方法
07

從原型發現價值

原型聯想（archetype）

「archetype」通常譯成「原型」或「雛型」，指的是某種文化或某個民族的共同認知的根源。榮格心理學將位於人類潛意識深處的普世價值觀稱為「原型」（archetype），也假設這種原型是神話、故事、禮儀的起源，也是於個人的夢想或幻想之中出現的情景或象徵。

接下來，讓我們試著尋找各種事象的「原型」（文化或民族的共同認知的根源），再透過這個原型進行聯想，從中找出全新的價值。大致步驟如下：

步驟1：找出某個主題的原型

↓話說回來？那個到底是什麼呢？尋找最初的形象。

步驟2：透過原型進行聯想

↓一邊調整最初的形象的「地」，進行不同面向的聯想。

步驟3：比對聯想所得的資訊與主題

↓比較聯想所得的資訊與該主題，找出只於原型存在，該主題卻缺少的資訊。

步驟4：發現不足之處與潛力

↓根據在步驟3找到的不足之處與潛力，擬定下一步的計畫。

想要改善某個事物或是想探索某個事物的潛力時，通常會先擬定能從當下開始執行的方案，此時若能將這個方案放進「原型處理一遍」，就可有機會往「本質」的方向思考。

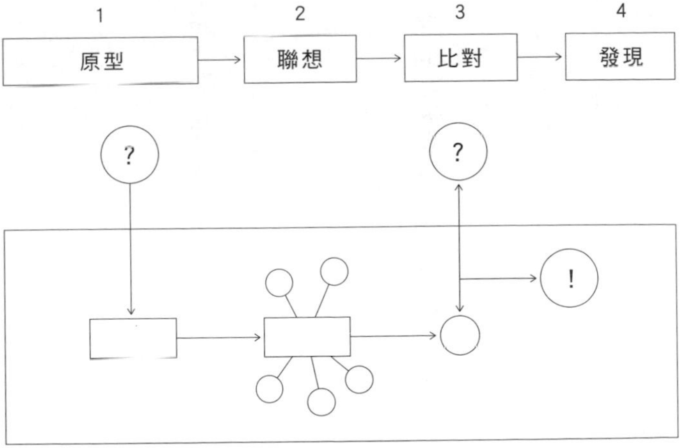

【圖34】方法07：原型聯想

練習7▽原型聯想

原位思考

請試著利用「原型聯想的模型」將下列的東西改造成「更好的東西」。

A：智慧型手機　B：求職　C：超商（擇一即可）

Hint

▽若想找出原型，可試著回溯時間，尋找「起源」，也可以尋找「說到底，就是〇〇」這類屬於原型的部分。選擇不同的切入點會帶領我們找到不同的原型（步驟1）。

▽找到原型之後，請試著以原型為起點，讓想法向外發展（步驟2）。

▽反問自己「有沒有哪些東西是該主題沒有，但原型有的部分」呢？（步驟3）

▽比較原型與主題，找出「這邊如果能如此改善就好了」的可塑性或有待改善的部分（步驟4）。

Date:　　/　　/

Worksheet

練習 7 ▷ 原型聯想

▷ **挑選的事物**

▷ **原型聯想**

步驟 1：尋找某個主題的**原型**

步驟 2：以原型為起點，**讓想法向外延伸**

步驟 3：**比對**聯想的結果與該主題

步驟 4：**發現**主題的不足之處與潛力

練習 7 ▽ 原型聯想 解說

不知道大家有沒有找到有如量身打造的「原型」呢？這個練習沒有所謂的正確解答，自己的想像與聯想的結果才最重要。

大家在推導「原型」時，應該遇到不少困難。而且從「聯想」與「對比」的步驟到新想法誕生的步驟也很複雜。大家或許會覺得這次的練習比之前難得多，但只要能活用這個手法就能快速找到靈感，所以也是非常實用的手法。

接著讓我們透過練習的案例了解思考的流程。這是進一步探討「所以說，那個是什麼呢？」這個問題的流程。

步驟1：假設我們思考的是「便利超商」的原型。較典型的答案有「商店」、「市場」或是什麼都賣的「雜貨店」，如果將注意力放在「不用走太遠，就能買到東西」這點，就有可能會想到「兜售物品的流動攤販」，如果是喜歡吃零食的人，可能會想到「古早味零食老店」。

步驟2：接著可從「古早味零食老店」開始聯想。有可能會想到「古早味零食、洞洞樂、釣寶物、老奶奶、十元硬幣、小學生、下課、朋友……」。

步驟3：接著比較「便利超商」與上述想到的結果。「有哪些是古早味零食老店有的，超商沒有的呢……？超商沒有能喊出我的名字的老奶奶，也不是小學生下課後的祕密基地」。

步驟4：將觀點拉回「原型」，重新思考超商的潛力。「如果超商能變得像古早味零食老店一樣，成為小學生下課後，與朋友一起玩的祕密基地……。讓志工扮演『老奶奶』的角色如何？這麼一來，就能為小朋友打造一處在放學後去的場所，也能讓在地的老人家有機會重返社會」，有可能會得到這類天馬行空的想法。

這就是借用原型的概念進行「原型聯想」，反問自己「，超商到底是什麼？」「我們心目中的超商該是什麼模樣？」這類直擊本質的問題，培養這類觀點的練習。

來自第二章的提示

07

找到原型

重新審視每個前提的「原位思考」

我們通常是以「就是這麼一回事」的心態，千篇一律地面對出現在日常生活之中的各種事物，不過會以這樣的方式生活其實也情有可原，因為當我們企圖培養直視事物本質的觀點，就無法消化充斥於身邊的大量資訊。

不過，當我們放任自己在這股資訊洪流之中浮沉，我們的「思考」就會遭到那些「典型（stereotype）」的符號所誤導，進而無法正確地觀察世界。長期以來，我們的社會愈來愈不重視藏在事物背後的原型，也持續曝露在「麵包與馬戲團」的危機之中（→P.136）。

「智慧型手機是什麼？」「求職活動所為何事？」「希望超商扮演何種角色？」假設能讓自己保持隨時反問自己「話說回來，那個事物的原型是什麼？」這種狀態，就能

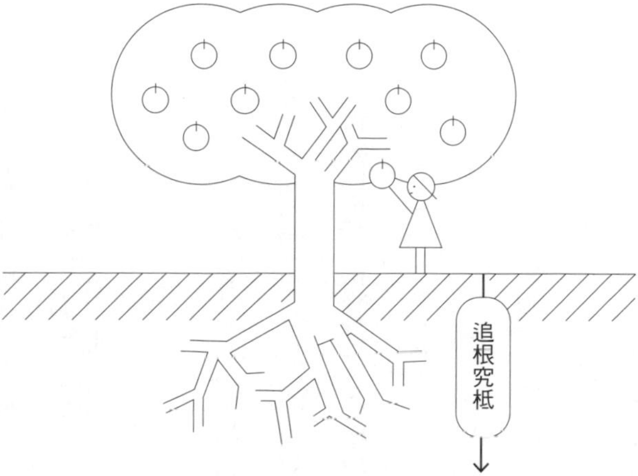

【圖 35】方法 07：原型聯想（原位思考）

在自己的內心建立「該如何觀察這個世界」的軸心，也不會再順著前述的「典型」隨波逐流而不自知，還能自行發覺事物的原型與適時地認識事物的本質。在這個事物經過層層包裝的時代裡，這種「原位思考」應該會成為每個人必備的能力。

除此之外，若能衝破形塑想法或價值觀的「框架」或「架構」，就能以全新的觀點俯瞰整個世界，而這種「原型聯想」也是幫助我們啟動「反學習」流程的一大關鍵。

方法 08

藉用優異的模型
比擬的技巧

「比擬」就是「打比方」、「比喻」或「暗喻」的意思。

簡單來說，就是透過某件事情理解乍看之下毫無相關的事情，而這可說是兩個疑似的想像互調位置的過程，也就是「將甲物視為乙物」、「將某物視為某物」的意思，類比與溯因推論也在過程中扮演重要的角色。

之前在介紹方法 4 的「類比式溝通」時，請大家進行了「透過比喻讓五歲小孩也能了解某些主題」的練習，也將 Instagram 或股價「比擬」為其他事物再進行說明對吧。當時主要是利用「五歲小孩熟悉的東西」比擬「五歲小孩不熟悉的事情」（→ P.228）。

在此要試著逆向操作，利用「不熟悉的事物」比喻「熟悉的事物」，藉著動搖根深蒂固的成見。

要想借用其他的模型擴充認知或是激發創意，「比擬」這項技巧可大人派上用場。

在使用「比擬」這項技巧時，也將自行驅動「編輯 3A：類比、溯因推論與環境賦使」的三種編輯方法。

建議大家早點學會比擬這項技巧，利用這項技巧重新檢視眼前那些習以為常的風景。

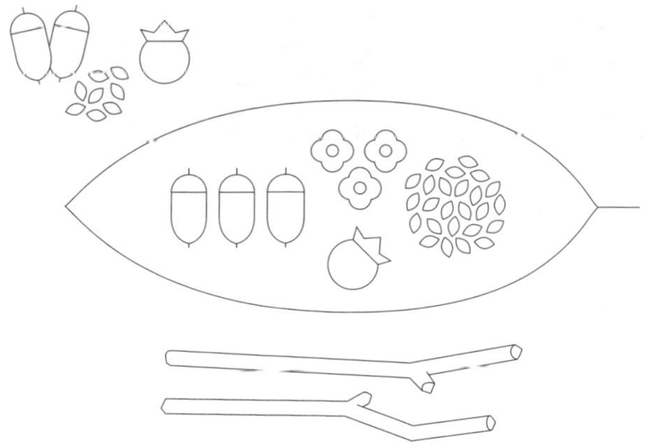

【圖 36】方法 08：比擬技巧 1

練習8▽比擬技巧

事物的本質將透過比擬的方式浮現

練習3（→P.220）從「A：會議；B：結婚典禮；C：育兒」之中挑選了其中一個主題，這次以比擬的方式讓該主題變得更有趣；請試著套用下列的「模型」：

比擬使用的模型：「（　）是像〇〇的東西。因為……」

※（　）＝挑選的主題／〇〇＝比擬客體／……＝導出的新觀點

Hint

▽用來比擬的事物愈是具體以及愈是不相關，比擬的效果就會更好。透過特徵比擬與借用特定構造的模型挖掘事物的「本質」。在比擬事物的過程中，會使用到想像力，此時自己的偏好、理想或想法也會變得鮮明。請大家務必重視這個過程。

▽請大家思考看看，原本挑選的主題是否在導出新觀點之後變得更加有趣了呢？

Date:　　　/　　　/

Worksheet

練習 8 ▷比擬技巧

▷ **帶套用比擬的模型**

〔　　　　〕是像〇〇的東西。

因為……

練習 8 ▽ 比擬技巧 解說

從練習 3 的「地與圖」的技巧來看，在這次練習使用的選項等於是「地」的部分，而選擇的過程就是不斷地切換「地」的過程。想必大家已經發現，當我們透過上述的暖身體操讓思考變得更靈活，就能找到更多可資比擬的客體，這也就是說，想發現事物之間的關係線，必須養成從不同的角度瀏覽資訊的習慣。

大家是否找到可以用來比擬主題的事物了呢？如果能以有點意外的事物比擬，就能產生更多的想像或想法。在使用比擬或比喻這類技巧時，盡可能選擇看似毫不相關的資訊。只要記得這點，想法就能變得更具跳躍性。

之前曾在某個研修課程聽到將「會議」比擬為「黑鬍子海盜桶」（刺進刀子，坐在桶中的黑鬍子海盜就會跳出來的玩具）的人。

對這個人而言，「『會議』就像是『黑鬍子海盜桶』這個遊戲，因為沒有人知道嶄新的創意會因為誰的意見跳出來」。

這還真是很高明的比擬啊。乍看之下「黑鬍子海盜桶」與「會議」是彼此平行的絕緣體，但在經過上述的比擬之後，猶如例行公事的會議也有了一點點遊戲特有的緊張氣氛。

一旦如此起頭，之後就能借用遊戲的細節、特徵或模型，接二連三地挖出屬於會議的新面向，比方說，「在想到創意之前，所有人要輪流發言」或是「發言必須像是將刀子刺入桶中一樣深刻，否則沒辦法進入下個階段」，都是其中一例。

之前就曾經說過，架構健全的假說「能一次創造多個切入點」（→ P.101），當我們了解溯因推論的原理，就能找到惟妙惟肖的比擬客體。

一邊借用具體的事物找出自己覺得「這樣不錯」、「這樣更有趣」的比擬客體，一邊讓那些在這個過程之中產生的想像持續膨脹的「比擬」技巧，其實也是一種「借物抒情」的手法（→ P.159）。

來自第二章的提示

08

將注意力放在「本質」

將無形之物轉換成「價值」

雖然全世界都有透過「比擬」、「暗喻」、「比喻」這類技巧進行溝通的民族，但從日本的文化來看，日本人特別愛用「比擬」這項技巧。在重視與擅長「以想像力填補空白」、「於內心補滿留白」的日本，借物抒情的「比擬」技巧也顯得十分發達（→P.167）。只以石頭、碎沙佈置的「枯山水」就是透過比擬河川或海洋的方式，讓觀眾想像水的模樣。利休的草庵也一樣是透過比擬「居於鬧市之中的山間草屋」，打造大隱隱於市的氣氛，以及呈現日常之中的非日常。日本相聲「落語」也會將扇子比擬為筷子或煙管，將手帕比擬為錢包或是書籍。就連我們熟悉的便當，也會將小香腸切成「章魚」，將蘋果切成「小兔子」的形狀。

我們的認知不一定能帶領我們正確地觀察事物。使用比擬這項技巧讓不同的事物交換固有的形象，藉此實現更為生動的溝通。於此時交換的形象就是事物的「本質」，

【圖 37】方法 08：比擬技巧 2

而讓這類交換成立的便是前述提到的「概要圖原型」。

「比擬」這項技巧很適合用來分享這些難以意喻、難以具體描繪的價值，而且當我們將重點放在「是怎麼樣的東西？」這類述語，而不是「是哪個東西」的主詞上，「比擬」的過程就會更加有趣（→ P.150）。日語是一種重視述語更勝於主詞的語言，而在日語之中，「比擬」這項技巧早已是讓溝通更形豐富的重要工具。

方法
09

觸發好奇心
預留伏筆與揭露

預留伏筆能觸發想像力與激發好奇心。

當眼前的資訊與腦中的想像混在一起，各種疑問與好奇心也將油然而生，此時想像力也將跟著驅動，而為了觸發想像力與好奇心，「預留伏筆」是非常有效的技巧。

在人類的記憶區塊之中，有一塊讓內外資訊混合的緩衝區（→P.178），若能活化這塊緩衝區，就能激發好奇心，也比較容易記住那些資訊。

從吸收資訊到徹底了解資訊、資訊落地生根為止，這些資訊會透過各種印象、聯想與側影潤色。編輯工學將那些在這個過程中漂游的想像稱為「剖面」（Profile），而這個剖面也在編輯的過程中扮演十分重要的角色。由「基準」（base）、「剖面」（profile）和「目標」

（target）組成的「ＢＰＴ模型」，也將重點放在產生側影這個部分（→P.71）。

那我們該如何管理這種如海市蜃樓般虛幻的想像力呢？最為有效的方法之一就是「預留伏筆與揭露」。

接下來要介紹以這種「預留伏筆與揭露」的方式讀書的讀書技巧。這是一種激發好奇心與想像力的讀書方式，所以不會只將重點放在汲取知識或追求正確解答，而編輯工學則將這種讀書方式命名為「探究型讀書法」，也力推這種讀書方式。請透過讀書體會「預留伏筆與揭露」這種讀書方式的威力。

【圖 38】方法 09：預留伏筆與揭露

練習9▽預留伏筆與揭露

試著撬開「探究型讀書法」的大門

●請先準備一本沒讀過的書（最好是新書）。

閱讀封面

1. **閱讀：**請先瀏覽外部裝訂，例如封面、封底、折頁、書腰的內容。
2. **預留伏筆：**閉上眼睛回想剛剛看到的標題、作者、書腰文案，你能想起哪些？
3. **揭露：**張開眼睛，確認封面的內容。

閱讀目次

●以步驟1至3的「閱讀」、「預留伏筆」、「揭露」的流程閱讀目次。

●花1分鐘「閱讀」目次，再閉上眼睛10秒，回想目次的內容（預留伏筆），再張開眼睛確認內容（揭露）。重覆這個步驟，直到讀完目次為止。

●試著在完成上述步驟之後，試著形容這本書，並將此時的「假設」寫成文字。

Date:　　/　　/

Worksheet

練習 9 ▷預留伏筆與揭露

▷ 書名：

▷ 這本書是怎麼樣的書？ 現階段的「假設」

▷ 試用「探究型讀書法」之後的心得

練習 9 ▽ 預留伏筆與揭露 解說

剛剛請大家體驗了「探究型讀書法」的一小部分。

在「閱讀封面」的時候，大家對這本書的內容產生了多少想像呢？在「閱讀目次」的時候，是否記住了這本書的構造呢？在閉上眼睛回想與睜開眼睛對答案的過程中，有可能會因為記不住內容而生氣，也有可能會因為急著想知道後續的內容而煩躁，而這種「煩躁」的心情就是驅使我們主動讀書的引擎，也證明「求知欲＝好奇心」也開始萌芽。老實說，若少了這股好奇心的帶領，不管怎麼讀書，都無法真的讀進腦袋。想要主動讀書，就少不了這股好奇心的引導。

在經過前述的過程記住一本書的封面與目次之後，再建立「這本書應該會是什麼樣的書呢？」的假說。

若能在準備閱讀一本書之前，先執行前述一連串的步驟，就能大幅改善讀書的體驗或品質。

「探究型讀書」將一連串的步驟稱為「閱讀前」。讀書的過程可分成「閱讀前、閱讀中、閱讀後」，而「讀書」就是囊括這三個階段的行為。在「讀前準備」的階段喚醒想像力與好奇心，再於「閱讀中」階段一口氣吸收內容，最後再於「閱讀後」階段試著在讀後心得與自己或全世界之間建立連結。之前已請大家嘗試了「閱讀前」階段的步驟。

大家應該已經發現，在對一本書產生興趣的過程中，「預留伏筆與揭露」的流程扮演了極為重要的角色對吧？

最後也請大家將當下的「假設」寫成文字，也就是為那些還沒讀過的內容做總結，不過大家應該還不太習慣這個步驟吧。

假設大家在「閱讀前」階段就對這本書的內容產生極高的興趣，那麼不妨一口氣讀完這本書吧，如此一來，應該會得到一些與過去的閱讀經驗有些不同的感受（編輯工學研究所《探究型讀書》，Cross-Media Publishing，二〇二〇）。

來自第二章的提示

09

預留伏筆、揭露
激發創意的「留白」管理術

之前提過，之所以會從機器人「Alter」身上感受到「生命的本質」，全是因為觀眾腦中的想像力作祟，自行補充了缺少的資訊（→P.164）。

人類除了根據接收的資訊解讀眼前的情況，還會自行解釋資訊的不足之處，而這項能力就是所謂的想像力。

巧妙地利用這種機制追求「於內心填滿留白」的創造力，正是日本特有的「留白之美」。「留白」、「減法」、「不足」、「缺陷」都賦予想像力發揮的空間，這也是讓想像力發揮至極限的編輯方式。

作家井上HISASHI相信讀者具有自行填補缺陷的潛力，也將所謂的「名言」定義為動搖讀者長期記憶的詞彙。

當我們閉上眼睛回想一本書的封面或目次，以及睜開眼睛驗證內容的時候，會發

【圖 39】方法 09：預留伏筆與揭露（留白管理）

現自己忘記了部分內容，而這種「資訊的短缺」會刺激「記憶的緩衝區」，讓我們賦予這些部分獨特的定義，也讓這些部分有機會流入宛如大海的長期記憶區，此時我們長期累積的看法或觀念也會如海面的搖晃般產生動搖。

透過上述步驟閱讀的書，會深深地留在我們腦海之中。

除了讀書之外，若能利用這種「預留伏筆與揭露」的技巧從事創作活動或溝通，就能讓重要的資訊成為長期記憶，也能賦予這些資訊專屬的定義。

方法
10

使用故事的模型
英雄旅程

人類的歷史總帶有幾分「故事」的色彩。「故事」這種資訊樣式創造了人類的語言系統，串起了世代間的記憶，維繫著社群的共同情感。「故事」也在每個人的成長過程留下了深刻的痕跡，因為人是透過「故事」了解世界，度過人生與建立溝通的管理（→P.182）。

其實在我們看似平凡無奇的生活裡，潛藏著各式各樣的故事，只要能找出這些故事，便能客觀地重新審視自己與周遭的事件，還能透過「故事」這個載體述說夢想與願景。只要懂得應用故事這個「模型」，誰都能成為說故事的高手。

大家還記得「故事的五大元素」嗎？第一個是定義世界觀的「世界模型」，第二個是故事劇本的「情節」，第三個是組成各種場面的「場景」，第四個是登場人物的「角色」，最後則是讓故事往前推進的「旁白」（→P.188）。

接下來要請大家化身為「旁白」，述說屬於你的「英雄傳說」。請試著套用「英雄傳說」的模型，描繪專屬於你的「英雄旅程」。

1. 分離、啟程（separation）
2. 成年禮（initiation）
3. 回歸（return）

請大家從過去的人生經驗找出由上述三個步驟組成的「英雄旅程」吧。

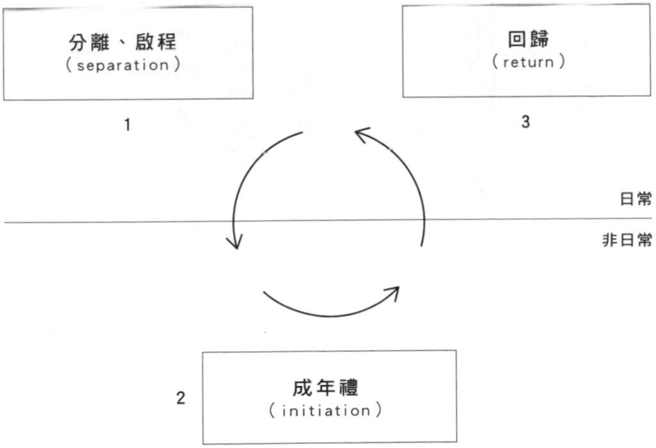

【圖 40】方法 10：英雄旅程 1

練習10▽英雄旅程

描繪自己的「英雄傳說」

請試著套用「英雄傳說」的模型，編寫自己與周遭人事物的故事。可以是專屬自己的故事，也可以是所屬社群（例如團隊、組織或家庭）的故事。

故事原型「英雄傳說」：1.分離、啟程（separation）；2.成年禮（initiation）；3.回歸（return）

Hint

▽請試著從自己或周遭的事件找出值得回顧的故事。故事的範圍可以是幾十年、幾天或是幾小時。第一步先建立清晰的「世界模型」，比方說，先釐清故事的時代、場所、社會背景與環境，接著再簡單地統整成英雄傳說的三個階段，也可以從練習1的「放在房間裡的喜歡的東西」尋找故事的開端。

Date:　　/　　/

Worksheet

練習 10 ▷ 英雄旅程

▷ 世界模型

▷ 場景、情節、角色

1. 分離、啟程（separation）

2. 成年禮（initiation）

3. 回歸（return）

練習 10 ▽ 英雄旅程 解說

大家不覺得將身邊那些毫無戲劇性可言的事件套入英雄傳說的模型之後，這些事件似乎也變成有點精彩的故事呢？

「故事」除了能調整看待自己與世界的角度，在編輯具有時間序列的資訊之際，故事也是一大利器。

這項練習最困難的部分，應該是找出故事的開端。此時「注意力」與「過濾器」將會頻繁地作動，不斷地於記憶之中搜尋資訊（→ P.202 方法 1）。找到適當的資訊之後，便可以張開「聯想網路」（→ P.210 方法 2），不斷地嘗試將找到的資訊套入英雄傳說的模型之中。此時大家應該也替資訊做了不少調整才對，例如是以誰的觀點解讀資訊？資訊的「地」又位於何處？（→ P.218 方法 3），這些資訊又能比喻為何種事件？（→ P.226 方法 4），以及該從哪個切入點敘述（→ P.234 方法 5）。

將事件套入英雄傳說的「三段跳連結」（→ P.242 方法 6）可說是讓該事件的「原型」浮上檯面的作業，也能反問自己「想述說的到底是該事件的何種本質」（→ P.250 方法 7）。為了讓如此複雜的事件留下更深刻的印象，需要應用「比擬技巧」（→ P.258 方法 8）之外，還可以利用「預留伏筆與揭露」的技巧安排情節，讓故事變得更有魅力（→ P.266 方法 9）。

想必大家已經發現，「故事」是驅動所有編輯力編輯資訊的樣式。若將編輯過程拆解成一個個步驟，或許會覺得這些步驟有點複雜，但只要有「模型」存在，故事就會自然而然成形。之所以如此，是因為我們本來就是透過「敘事迴路」（narrative circuit）認知事物，而這個內建的神經網路（→ P.185）也讓我們成為忍不住想述說故事的生物。

其證據之一，就是大家是不是也想將透過這次小練習編寫的故事，說給某個人聽呢？

來自
第二章
的提示

10

賦予故事
觸動內心的「敘事法」

如今已是處處需要「說故事能力」的時代。

即使是企業，該告訴社會的是自己的故事，而不是在市場的優勢，換言之，企業該述說的是自家公司在社會的定位，以及想要打造什麼樣的世界，為此又需要做哪些努力。如今已是組織、團體或個人都必須能夠自行設定世界模型與編輯故事的時代。由一群共享意義的人打造能一起奮鬥與創造的場域，或許是今後的組織應有的面貌。

若將「自我本色」與「團體特色」解讀成「自我認同」，有可能會因此感到痛苦，因為人與組織是非常複雜的存在，沒辦法以單一的觀念一概而論。比起「本該如此」這種一成不變的理想樣貌，故事更適用於「隨時都在改變」的想像力。編輯工學重視的是「述語的故事性」，也就是你在千絲萬縷的關係之中，具有何種可塑性，而不是

【圖 41】方法 10：英雄旅程 2

重視「我是誰？」這種主語色彩強烈的「自我認同」，這意味著從重視自我認同轉型為重視敘事性。

大家務必記得「故事」可隨時改寫，請大家試著利用故事的模型以及編輯力，隨心所欲地描繪接下來的英雄旅程。

第 4 章

編輯工學研究所的工作

編輯工學研究所的工作

編輯工學研究所每天都利用之前介紹的「編輯工學」技巧與思維從事各項工作。

不管是什麼樣的組織，都會在準備打造既定的框架，畫出全新的地平線時，發現既有的理論完全派不上用場，而編輯工學研究所的工作幾乎都是從這類轉捩點起步的。

此時得忍痛割捨既有的概念與過去的成功經驗，所以整個過程很像是身陷指南針無法正常運作的森林，還得找出終點以及抵達終點的路徑。

為了讓這類工作能夠圓滿落幕，編輯工學研究所自創所以來，奉行著一句有如救命繩的金句，那就是：

「向生命學習，讓歷史舒展、與文化玩耍。」

這是編輯工學研究所從松岡正剛繼承的哲學，也是活動的口號，更是工作的規矩。

一直以來，生命是如何編輯資訊的？歷史又是透過何種方法揭開事件的序幕？文化透過每個人的偏好或遊戲呈現了什麼？不管遇到什麼問題，編輯工學研究所向來都是回到這個原點，尋找編輯的線索。

一旦放開這條救命繩，縱使有通天本領，必定立刻被捲入既有的框架與社會表層形成的急浪之中。

人類於過去一百年建立的價值觀與系統就是如此地頑強，要想跳脫這些價值觀與系統，就必須另闢蹊徑，開拓全新的航道。

之前介紹的編輯技巧正是開拓全新航道所需的一切，而「向生命學習，讓歷史舒展、與文化玩耍」則是指出航路的舵。

編輯工學研究所雖然人數不滿十五人的小團體，卻常於具有相同世界觀或方法論的同伴組成規模可大可小的團隊，負責各式各樣的工作。松岡正剛與編輯工學研究所也將利用過去累積的智慧資產與人才，與客戶以及相關業界一同前進，找出全新的航線。

本章將一邊介紹編輯工學研究所的工作，一邊為大家解說編輯工學讓「才」升華為「能」的方法。

實例
01

從已知描繪未來：「根源編輯」專案

尋找「根源」，描繪「理想未來」的「根源編輯」(roots editing)

編輯工學研究所設計了一套稱為「根源編輯」(Roots Editing)手法，反問自己究竟是誰，又準備往何處去。簡單來說，就是想打從根本重新檢視自己的時候，可先尋找組織或地區的根源，再一口氣描繪未來的藍圖。

這也是重新確認自己的存在意義，以及擁有不受動搖的軸心，具體描繪願景的流程。

能應用這套手法的客體非常多元，例如正站在某種轉捩點的企業或是希望重新定義價值的在地文化都是其中之一。

除了回顧組織或在地文化的來龍去脈之外，追尋根源，了解涵蓋時代與社會的變遷，蘊藏於時代與社會背後的思想與哲學，就能根據這些世界觀描繪組織的未來。

此外，透過這套「根源編輯」手法得到的結果並非最終成果。從上述流程導出的各種觀點將可在日後成為企業或各地區的智慧財產，進而於企業的活動或促進在地文化之際應用。

案例：「瑞可利的Uniqueness」專案

應用這套「根源編輯」手法，如火如荼地重新編輯「自我本色」，為進軍世界打下基礎的企業之一就是日本知名人力公司瑞可利（Recruit）。

當時準備進軍全球，股票也準備上市的「瑞可利」相關人員，來到編輯工學研究所之後，希望我們幫助他們釐清「瑞可利究竟是一家怎麼樣的公司？」「瑞可利的企業本質是什麼？」這兩個問題，並將答案寫成白紙黑字，重新以語言描述自己，於是這個專案便正式啟動，之後瑞可利與編輯工學研究所便在松岡正剛的監修之下組成了一支編輯隊伍，歷經一年之久，「瑞可利的 Uniqueness」這項專案總算變得十分具體與清晰。

在「再生模型」（Reborn Model）這種原創的商業模式、各種事業領域、特有的企業文化與其他面向堅持「瑞可利作風」的瑞可利集團因為擁有非常多元

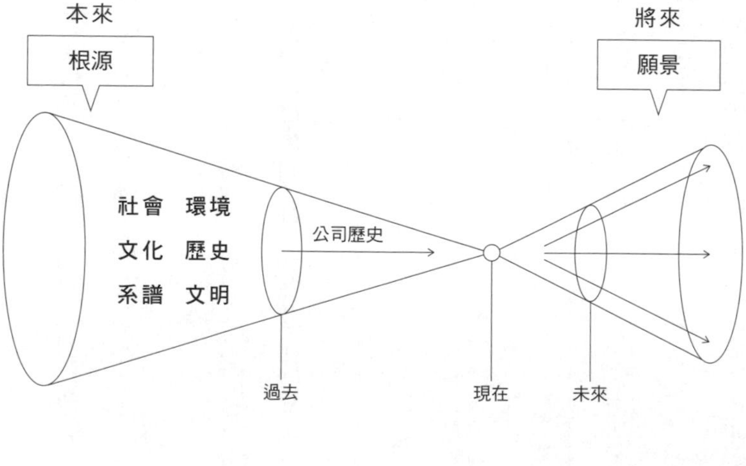

【圖 42】從根源描繪未來的「根源編輯」手法

的個性，所以要從中整理出出「企業本色」，再將結果寫成文字，其實遠比想像中的困難。

瑞可利那由每位員工共享，卻難以具體描述的「企業本質」是整個組織的魅力所在，若是將注意力放錯位置，很有可能損及瑞可利這家企業的魅力的完整性。

所以這個編輯團隊在盡可能避免組織內部那股有機的生命力，以又充滿活力的複雜性遭受任何折損的狀態下，小心翼翼地勾勒出足以涵蓋整個瑞可利的「企業本質」。

瑞可利的企業本質是什麼？又是什麼讓瑞可利成為今天的瑞可利？編輯團隊在尋找這股眼不能見的核心競爭力之際，第一步先著手分析創業以來的公司內部公報，試著從大量的內部資訊找出瑞可利的原型。

根源編輯的方法與流程

根源編輯大致上是依照下列的流程進行。

1. 探索、分析（Retrospective Approach）

一開始先分析資料以及採訪相關人士，蒐集基本的資訊。雖然這是非常老派的做法，但編輯工學研究所會從這個階段開始尋找藏於背後的原型，以及不斷地擴大想像，盡可能地擴張蒐集資訊的範圍。在初期階段應用第三章介紹的「原型聯想」（→ P.250），就能導出建立假設所需的資訊。

這個階段不會求快，也不會好高騖遠，只會將所有注意力放在深入探討現有的資訊與放大視野而已。

探索、分析	假說、預先組合	建構、故事化	可視化、展開
Retrospective Approach	Abductive Approach	Narrative Approach	Representation
▶ 蒐集 ▶ 分析 ▶ 聯想 ▶ 探索 →擴張認知 ▶ 分類 ▶ 賦予相關性 ▶ 找出特徵 →驗證原型 找出觀點	驗證 ——→ 假說 ↑ 打造原型 ↓ 預先組合	▶ 建構 ▶ 構造 ▶ 轉化為語言 ・格式化 ・描繪遠景 ▶ 編輯內容 ・調查 ・採訪 ・撰文 ・設計	▶ 製作附屬物 ・報告 ・手冊 ▶ 應用 ▶ 推廣方案 ・研修課程 ・工作坊 ・媒體化 ・行銷策略 ・手冊、書籍、網路等等。

【圖 43】「根源編輯」的手法與流程

2. 假說、預先組合（Abductive Approach）

從 1 的資訊找出具有特色的資訊或某種徵兆之後，再按圖索驥，建立理想的假說。假說包含概念、結構（專案的架構）、作業假說與願景，此時必須反覆地嘗試，讓上述這些部分產生相關性，此時也是「溯因推論法」（→P.96）全面啟動的時刻。

在這個階段根據於步驟 1 找到的原型或根源的資訊（例如歷史、文化背景）建立假說，讓思緒瞬間跳躍至邁向未來的願景與概念，正是根源編輯的特徵。

不斷地穿梭於深層與表層之間，不斷地重覆預先組合資訊構造、驗證再建立假說這個溯因推論法的循環，藉此一步步打造出粗略的原型。

3. 構築、故事化（Narrative Approach）

在階段 2 導出資訊的架構或概念之後，要在這個階段將這些架構或概念轉化為組織內外共通的語言與視覺效果。此時可根據步驟 1 至 2 得到的各種資訊剖析該組織特有的「敘事迴路」，讓這些資訊擁有適當的故事背景。在使用纖細的敘事法之際，需要透過訊息的軸心在受眾的腦海之中建立各種不同的故事。

完成上述步驟之後，那些難以言喻的「本質」或約定成俗的規矩，就能透過每個人的印象或情感共享。

4. 可視化、展開（Representation）

最後要思考的是，該以何種形式承載前述的編輯成果。有時會選擇以手冊、網路或影像這類媒體呈現，有時則會選擇活動、工作坊這類交流會的形式，將書櫃打造成企業圖書館的形式，藉此呈現「企業本質」的例子也愈來愈多。

也建議大家在組織內部根據這些成果舉辦永續學習或啟發的活動。

在推動「瑞可利的 Uniqueness」專案的時候，是透過這種根源編輯的流程不斷挖掘藏在企業背後的原型，再以各種類比的手法找出人類擁有的優異模型。生命的暗喻、複雜的類比、來自文明論的提示，來自哲學的暗示，當時使用了這些全世界聞名的模型一步步找出「瑞可利的獨特之處」。

由這個專案導出的方針也濃縮為「瑞可利的五種觀念」這五個面向。

瑞可利的五種觀念

- 社會觀（View of Society）：全面舖設「機會的軌道」
- 事業觀（View of Business）：以再生的概念串連的「人本經濟」
- 技能觀（View of Skill）：直接處理複雜的事物
- 組織觀（View of Organization）：組成能量高於個人總和的團隊
- 個人觀（View of Mind）：捨我其誰的當責意識

最終，則是將這些與「瑞可利企業本質」有關的觀點集結成《瑞可利的獨特之處 從企業文化與商業模式觀察所得的瑞可利企業本質》這本手冊，松岡正剛也將這些流程與成果寫成《瑞可利方法》一書。

這些成品都由瑞可利的管理階層共享，做為日後擬定企業策略的共識。

我深深地覺得再沒有比現在這個時代更適合思考「我們從何處來？我們是誰？我們向何處去？」這個保羅高更透過畫作標題提出的問題，不管是對企業、學校、地區還是個人，都必須面對這個切身的問題。

正因為前方的道路晦暗不明，所以讓我們停下腳步，與深層的自己對話的「根源編輯法」才會在不同的領域普及。

實例
02

透過書籍表現科學的魅力：「科學道一百冊」

理化學研究所×編輯工學研究所合作的「科學道一百冊」

二〇一七年夏天，全國的書店、圖書館舉辦了書展「科學道一百冊」。這個書展是自然科學綜合研究所的理化學研究所與編輯工學研究所的合作專案，目標是透過一百本書籍讓更多人了解科學家的生活、想法以及科學有多麼有趣與精彩。

最先為了這項揉和科學與書籍魅力的嘗試而興奮的，是位於第一線的書店員工與圖書館館員。一百本書的單一出版社書展算是常見的規模，但是這種由不同出版社一同策畫的日本全國書展，似乎是出版業界的一大創舉。

該書展的魅力在於選出一般人也能輕鬆閱讀的科學叢書，以及每個攤位都透過不同的素材宣傳攤位的魅力，而且還在書店店面免費贈送介紹這一百本書的全彩手冊。這種全面顛覆過往書展常識的方式成為標準規範之餘，聽說這些書籍裝箱送至書店或圖書館的時候，第一線的工作人員非常地驚訝與興奮，而且在書店店員與圖書館館員的熱忱介紹之下，許多造訪書店與圖書館的人也得知這個「科學道一百冊」專案。

【圖 44】2017 年的「科學道 100 冊」書展

2017 年的「科學道 100 冊」書展於日本全國的書店、圖書館舉辦

為扛起未來的青少年量身打造的「科學道一百冊」叢書

以全國書店、圖書館為舞台舉辦的「科學道一百冊」書展得到學校的老師與圖書館館員的青睞，許多教育相關人員也給予好評之外，有許多意見認為「小孩更需要科學道一百冊」，所以便製作「科學道一百冊Junior」企畫，並且向書店、公共圖書館與國小、國中、高中的圖書館推廣這項企畫。

在將科學道一百冊的叢書送至許多學校的過程中，「科學道一百冊」專案也朝著不同的方向發展。

為了讓青少年能一直了解科學與書籍的魅力，「科學道一百冊」這項活動也在如此宏大的願景下成為每年必辦的活動。

二〇一九年九月發表的「科學道一百冊　二〇一九」也透過問卷向理化學研究所的所

有研究學者、職員蒐集「長大成人之前，必讀的科學道書籍」的相關意見，還與理化學研究所的松本紘理事長與編輯工學研究所的松岡正剛所長一同舉辦「科學道一百冊選書會議」，重新挑選科學優良叢書。

在這一百本書之中，精選了五十本歷久彌新的「科學道經典名著」，其他的五十本書則會每年重新挑選。

漸漸地，這「科學道一百冊」也普及為授課教材。為了讓學生與書籍的這場相遇更具意義，還採用了編輯工學研究所推薦的「探究型讀書」這種讀書方式（→P.268），開發了讓「科學

【圖 45】「科學道 100 冊」叢書的手冊
由左至右分別是「科學道 100 冊」、「科學道 100 冊 Junior」、「科學道 100 冊 2019」

道一百冊」成為「探究式學習」一環的課程。這項課程在幾所學校實驗之後，便推廣至國中與高中。

專案的後台：理研的一百年與科學家的探究型思考流程

這項專案其實隱含著讓更多人了解創立一百周年的理化學研究所與科學魅力的心願。該怎麼做才能完整述說理研自一百年來累積的成績與精神，又該怎麼做，才能呈現「科學」的魅力呢？這個專案一開始先從找出理研奉為圭臬的名言著手。

編輯工學研究所在這個階段同樣應用了「根源編輯」這項手法。在找到「理研」、「科學」、「科學家」這三項原型之後，再從這三個原型開始聯想，然後與松本紘理事長以及理研的職員不斷討論「科學到底是什麼？科學家又是怎麼樣的人，理研又是何種存在？」這個議題。

在經過多次的討論之後，得出了「道」這個結論。這個「道」包含「追求極致」的道、

「通行宇宙」的道，從過去通往未來的道與人道。從如此深奧的「道」與「科學」導出的概念就是所謂的「科學道」。

為了讓這種概念能在保有廣度與深度的情況下進入一般人的生活。才想到透過一百本精選的書籍，從不同的面向介紹「科學道」這項概念。這很像是透過這一百本書籍讓宛如搭載著理研主張的ＤＮＡ編碼複印到全國，要想達到這個目標，就必須邀請全國的出版社參與，以及在書店透過視覺效果的方式宣傳。

在挑選展現「科學道」的一百本書之際，必須透過分類的座標軸讓為這一百本書撰寫故事。一如於第三章所介紹的方法５帶入座標軸（→P.234），能確實分類資訊的座標軸本書也是一種訊息。分類座標軸的編輯也是一種敘事手法。

「科學道一百冊」叢書將科學家思考流程模組化為六個步驟，藉此分類這一百本書。這就是根據「科學家都如何思考事情」的觀點描繪的科學性思維的概要圖原型：

1. 先從提出疑問開始

2. 無止盡地蒐集資訊
3. 從資訊導出規則
4. 不斷地嘗試與失敗
5. 宛如魔法
6. 未來的開端

描繪科學家思考邏輯的「英雄傳說」(分離、啟程→成年禮→回歸),再編輯這些訊息,讓訊息傳入每個人的敘事迴路之中。

這次導入的訊息如下:

世界充滿謎團。

人生充滿障礙。

但科學家總是持續挑戰未知的事物

如果有機會一窺他們的大腦與內心
會發現滿得快要溢出來的生存之道。

這套「科學道一百冊」叢書
獻給所有窮盡一切方法也想要勇往直前的人們

若將科學視為「方法」而不是「主題」，那麼蘊藏在這個方法之中的無數個挑戰與流程，將為每個人帶來強而有力的提示與訊息。當時的我希望將焦點放在這些提示與訊息，再透過故事讓讀者將注意力的游標轉向自己，藉此打破既有的印象，讓讀者與科學重新相遇。

希望進一步活用書籍這類文化資產

「科學道一百冊　二〇一九」最令人注目的是來自出版社、作者或編輯的那句「入選科學道一百冊了！」對出書的人來說，獲選「科學道一百冊」是值得自豪的事情。除了近期出版的暢銷書之外，若能打造一個讓優良好書增加曝光度的機制，肯定是另一個事業上的成就。

「科學道一百冊」叢書之中也有少數是絕版書，因為想當成「科學道一百冊」推薦的好書不一定會隨時在書店流通。人類為了傳遞重要的資訊而創造了「故事」這種資訊格式（→P.182），當這些資訊寫成文字，便能透過「書籍」這種載體流傳，每個人也可以透過這個載體跨越時空交流。「科學道一百冊」專案的目標就是追求這種屬於書的原型以及自由度。

有些埋沒已久的優良書籍，也因為獲選「科學道一百冊」而再次受到注目，也因此於門市重新上架，這在出版文化之中，也是非常有意義的一件事。

編輯工學研究所向來認為書籍在市場裡「商品」，卻也是社會的「文化資產」。該如何讓這些形同公共財的「書籍」擁有更多的應用，又該怎麼做，才能讓這些「書籍」成為日本的文化之力呢？尤其書籍在教育現場還有許多幫助學習的應用空間。

編輯工學研究所為了支援這類活動而創立了一般社團法人「Book Commons Japan」，

希望將「科學道一百冊」優良叢書送至全國各地的學校，讓學生能透過這些書籍進行探究式學習。

「科學道一百冊」專案不只重新發現了科學的魅力與書籍潛力，還一步步成為每個人紓展想像力的工具。

於二〇二〇年九月發表的「科學道一百冊　二〇二〇」則計畫透過各種方式讓這些優良叢書有機會在教育現場進一步發揮效果。

實例

03

學習編輯術的網路學校：「ISIS編輯學校」

於二〇〇〇年誕生的「編輯訓練方法」線上社團

編輯工學研究所為讓將編輯工學的技術與思維推廣至一般民眾，經營了「ISIS編輯學校」這個機構。

將「二十一世紀是講究方法的時代」掛在嘴邊的松岡正剛，在二十一世紀才剛揭開序幕之際，並立刻出版了《知的編輯術》（暫譯，原書名『知の編集術』）一書。這是一本完整介紹鍛練編輯力的「編輯訓練方法」與松岡正剛對編輯有何看法的一本書。

這本書除了摻雜了一些本書於第三章請大家練習的「主題」之外，還以不同的角度解說編輯技巧，也是一本傳誦二十年的長銷書，更是本書的「啟蒙恩師」。

同年以這本《知的編輯術》為藍圖創立的網路學校就是「ＩＳＩＳ編輯學校」。這個與「松岡正剛的千夜千冊」同時誕生的「ＩＳＩＳ編輯學校」是網路上的共同編輯空間，也是一處讓讀者透過特殊的方式學習本書介紹的各種編輯方法的學習社群。

ＩＳＩＳ編輯學校的校長是松岡正剛，而這所學校備有入門課程的「守」、實踐與應用課程的「破」以及藏於殿堂深處的「離」，還準備了許多間「教室」，供學員如武術對打般，激烈地討論這些課程。

我在「入門」成為弟子之時，看到的是「大腦流汗」這個文案。等到進入教室之後才發現，整個思考訓練課程真的像是讓大腦在森林遊樂區玩得渾身是汗的感覺，我也從來沒有這種「用腦用得如此爽快」的經驗。

為什麼大家對「編輯訓練」如此著迷？

ＩＳＩＳ編輯學校的「弟子」（學生）來自四面八方，年齡、職業、居住地以及相關的背景都不一樣，有的是上班族，有的是學生，還有醫生、企業家、藝人、教授、主婦、工匠師傅，年紀最輕的有小學生，最年長的有八十幾歲的長輩。由於是網路學校，所以學生的居住地點散佈日本全國，偶爾也會遇到來自外國的學生。

平常根本無緣交流的人透過網路上的「教室」一起進行「編輯訓練」實在是件非常有趣的事，所以有不少人才剛加入就一頭栽進這個世界。這世界的祕訣太過複雜，難以透過類似的東西比擬與說明，所以接下來打算透過編輯工學的觀點為大家介紹ＩＳＩＳ編輯學校的幾項機制。

打造共同編輯的狀態、題目、回答、指南的拉力賽

ISIS編輯學校的編輯練習是從領受「題目」開始，回答「題目」之後，人稱「師範代」（代理師父）的編輯教練就會寄來「指南」，學員則在這種類似拉力賽的情況下進行編輯訓練，而且一切的交流都是透過文字，換言之，是在沒有影像、圖片、聲音的狀態下，透過「文字」溝通。

或許在這個時代聽到只有文字的線上學習會覺得很無聊，但這項課程卻有違常理，發揮了不可思議的效果

摒除視覺與聽覺，只透過文字交流時，需要頻繁驅動想像力，需要「腦補」那些眼不能見之處，而這就是「在內心填滿留白」的編輯效果。這種透過「預留伏筆，激發想像力」的溝通方式，是編輯訓練的基礎。

編輯訓練的代理師父會一邊拆解上述的流程，一邊引導學眾（徒弟）激發想像力，讓

想像變得更加鮮明，這也是只有透過文字交流才有的觸發狀態。

讓這種學習體驗順利完成的是代理師父的「指南」。所謂的「指南」是「指向南邊」的意思，也就是「往明亮的方向引導」的意思，與驗證答案或找出錯誤沒有半點關係，只幫助每位學眾引發編輯的潛力。

以「列出你的房間有哪些東西」的「題目」為例，這個題目就沒有所謂的正確答案對吧？但負責引導的代理師父會將重點放在學眾將注意力的游標放在何處，過濾器又篩選了哪些東西，這個過程又能產生哪些後續的發展。有時學眾在進行這類練習時，會忽略一些思緒上的細微變化，這此代理師父便會向學眾揭露這點，讓學眾了解思考的盲點以及有待編輯的部分。

代理師父會透過逆向工程的方式反推每位學眾的思考過程，讓學眾像是戴上VR眼鏡般，透過虛擬實境的方式重新播放自己的思考過程，每位學眾也因為發現全新的自己實在太有趣而一頭栽入這項課程。

常有學眾一臉不可思議地問「為什麼代理師父這麼厲害？」那是因為代理師父能比學眾更快將學眾的想法轉換成「方法」，再從中找出其他的觀點或潛力，而這項技能也蘊藏著本書介紹的編輯工學的精髓，可說是非常高階的引導技巧。

ＩＳＩＳ編輯學校到目前為止共有六百多位代理師父主持教室的活動，但這些「代理師父」一開始也都是「學眾」，是在經過集中訓練課程之後成為代理師父的。

驅動「教室」這個生命場域的「代理師父」

學眾與代理師父並非一對一的對練。有些教室是一名代理師父負責十位學眾的型態，代理師父與學眾會一起進行約四個月的編輯訓練。

每間「教室」都有能看出代理師父個性的奇妙名稱，比方說「ESPERA 七茶教室」、「Parity 外道教室」、「夕空鯨魚教室」、「魔法晚會（laterna magica）教室」都是其中一例。如果是以參加「正常學校」的感覺參加課程，可能會有不少人看到這類教室名稱就嚇得後退好幾步，但這種在代理師父與校長共同編輯下誕生的教室名稱將是形塑這個「教室」的模式的關鍵「代碼」。

有些茶碗、日式甜點、旅館的房間也會命名的日本文化來看，教室這種場域有名字也就不足為奇了。這些年大量積累的教室名稱將成為文化基因，讓ＩＳＩＳ編輯學校顯得更有深度。

順帶一提，我在擔任代理師父時，受贈「丹田香奈兒教室」這個教室名稱。一如所見，這不是一個能輕易定義的名稱，但在經過代理師父與學眾多次共同編輯之下，這個教室的氛圍莫名地與「丹田香奈兒」這個名稱相稱。在教室這個場域不斷進化的過程中，代理師父與學眾的共同想像超過了邏輯（logos），也漸漸地愛上這個名稱之中的「本質」，我也不禁覺得在培養組織或社團的向心力與羈絆上，「命名」的確扮演著非常重要的角色。

當場域依附這個教室名稱而生，這獨一無二的教室空間就如同活生生的生命場域。雖然有不少人提倡「主動學習」的重要性，但在這個場域之中，卻是「學習風氣自行在整個組織內部形成」的情況。

這種宛如生物的教室是以一季為一個單位，但對代理師父來說，這是非常重要的工作，也惟獨來到這個場域，學眾才能充份釋放個人的編輯力。

「代理師父」這個角色的特殊之處在於沒有人是專任的代理師父，每個人都有自己的工無，也有自己的社會地位，而這個角色都是這些代理師父的另一張臉。

完成「守」與「破」的課程之後，再接受「花傳所」這個代理師父培訓講座就能成為代理師父，也因為有這樣的循環，ＩＳＩＳ編輯學校才能新陳代謝，整間學校才能保有高度新鮮的結構。

在這一切的背後也有支援代理師父的多層式後勤系統運作。每一位代理師父背後都有一位「師父」，這位師父也於一旁觀察代理師父的一舉一動。此外，編輯學校還有觀察所有教室的「番匠」（木工師傅之意），以及主持講座的「學匠」，所以代理師父其實也是在許多人的守護之下學習，以及在不同的教室鍛練編輯力。

來自四面八方的教練群與多層式的營運系統可說是ＩＳＩＳ編輯學校的生命力。

ＩＳＩＳ編輯學校的「守、破、離」

ＩＳＩＳ編輯學校的「守破離」課程是以編輯訓練的「模型」進行。「守」這個課程會讓學眾透過三十八道題目學習編輯的基本模型。完成「守」這項課程之後，便可繼續接受「破」這項課程，但「破」會使用從「守」學到的模型之外，還會學到「故事編輯術」、「計畫編輯術」這類實踐型的模型。

一旦完成「破」這個課程，就會有種彷彿爬上展望台，眼前豁然開朗的感覺。

最後則是ＩＳＩＳ編輯學校殿堂奧義的「離」。這個名為「松岡正剛親自傳授：世界讀書奧傳」的課程「離」，是每一年半開辦一次的課程，也因為名額有限，所以有非常嚴格的「入院」（離的教室稱為「院」）考試。一旦通過考試，就能成為「離學眾」，接受長達四個月，難以想像的編輯訓練，不過，人們將這項課程視為「奧義」，不入院就不知道訓練內容。

我雖然是在十年前成為「離學眾」，但是到現在都覺得，現在的自己有一半是由那為期四個月的課程所塑造的。這項課程既是能動搖一切的場域，而在課程之中的所有體驗也堪稱空前絕後。有興趣以及內心做好準備的讀者，請試著挑戰由松岡正剛一手打造的「知的祕境」。

另一方面則是「技法鑽研課程：遊」的路線，其中包含徹底學習故事編輯技巧的「故事講座」以及以研究俳句的用詞遣字以及詩歌為樂的「風韻講座」。

另外還有「代理師父培訓課程 花傳所」這條路線，這是為期三個月的訓練，可以學到擔任代理師父所需的所有入門知識。只要從這個講座畢業，再經過考核，確認足以擔任代理師父之後，便會接手主持教室，成為真正的代理師父。

只要進入這個花傳所，就會徹底接受訓練，從中學到指南以及經營教室所需的各種技巧與技能。在這個講座學到的技巧不僅能在擔任代理師父的時候應用，也能提升職場或日常生活所需的溝通能力與領導能力，這也是現代的企業、團體的人事部門非常重視的領導力。

許多從課程「破」畢業的人都會以各種形式繼續參與ＩＳＩＳ編輯學校的活動，組成非屬課程的學習社群。

ＩＳＩＳ編輯學校將於二〇二〇年進入二十週年，從各界來到這所學校的每個人除了是學習編輯工學的學生，也是編輯工學研究所最可靠的贊助者與夥伴。編輯工學研究所也曾與ＩＳＩＳ的學員組隊完成許多專案。這個學員來自不同職場，擁有不同技能又人才濟濟的ＩＳＩＳ社群既是學習的場域，也是利用編輯工學為社會創造貢獻的場域。

雖然在此介紹的案例只是編輯工學研究所的一小部分活動，但每件工作都應用了本書介紹的編輯工學的技巧與世界觀。

松岡正剛有時會以「將目標放在經過千錘百鍊的逸脫上」激勵員工。用心琢磨自己的工作，

【圖 46】編輯工學研究所的辦公室兼藏書沙龍的「本樓」（書樓）

讓自己跳脫常軌之後，自然能打動人心。只有讓自己處在這種一邊要求精確度、一邊要求跳脫常軌的狀態下，「編輯」這項工作才算是完成。

這是難以高攀的目標，也是以為搆到了，卻又立刻飛走的目標。可喜的是，編輯工學研究所有許多能與松岡正剛的工作產生共鳴的人才，而這些人才的才能也以不同的形式做出貢獻。我們除了一邊見證由這些名人或高手激發的編輯工學的潛力，也還學習「千錘百鍊的逸脫」這條路上。

第 5 章

世界是彼此串連的

踏上名為「編輯」的冒險旅程：該如何觀察世界呢？

截至目前為止，本書介紹的內容或許可重新定義為「該如何觀察世界呢？」這個問題。

以「試著在錯綜複雜的『海量資訊』植入標點符號」為起點之後，大家應該已經能找出資訊之間的相關性，也能發覺套在自己身上的思考框架與架構了吧，換言之，大家已經懂得從不同的角度了解「資訊擁有多種面向」這件事。

大家應該也已經知道在掌握類比思考術與建立假說的溯因推論法之後，試著從「環境賦使」以及「環境界」的觀點觀察身邊的環境，世界洋溢著各種意義這件事。

為了了解事物本質而開始尋找「原型」，同時啟動名為「本質」的廣域感測器，以及回顧「預留伏筆與揭露」這種日本特有的創意之後，發現「故事」這種資訊格式隨著人類歷史一起發展。此時大家應該已經明白，自己既是這歷史洪流之中的一粒沙，也明白「故事」這個裝置有多麼適合用來描述那些只可意會，不可言傳的事情對吧？

之前曾在第三章的時候請大家透過紙上練習體驗上述這些「重新看待世界的方法」，想必大家已在過程中發現自己的思考盲點，也遇到許多想一試為快的編輯技巧。思考是由習慣所形塑，還請大家在日常生活中不時應用上述的編輯技巧。

在上述這一連串體驗過的編輯工學技巧的背後，藏著「充滿編輯概念」的世界觀與觀點。

松岡正剛在《知性的編輯術》開頭如此定義「編輯」：

1. 編輯於遊戲而生
2. 編輯隨對話而生
3. 編輯因缺陷而生

想必從頭讀到這邊的大家，應該已能完全體會這三句定義了吧。這三句定義之後，還有這三項定義：

1. 編輯是比對
2. 編輯是聯想
3. 編輯是冒險

不管是「比對」還是「聯想」，應該都不難理解對吧？之前也提過，「編輯」的關鍵在於「找出相關性」，「讓聯想與摘要這兩種能力交互啟動」也是非常重要的一環。

所以要解釋的是最後的「冒險」。這個詞雖然在本書出現了很多遍，但什麼是屬於「編輯」的冒險呢？這裡說的冒險其實與「該如何觀察世界呢？」這個問題息息相關。

改變觀察身旁風景的方法，打破習以為常的常識是件令人有點膽怯的事。本書雖然於開頭寫道「自行破殼而出」，但其實這件事是需要一定程度的用氣的，因為一旦踏出再熟悉不過的思考舒適圈，不知道路上會遇到哪些試煉，有時可能會陷入混亂，有時會讓一直以來珍藏在心中的事物受傷，就算不至於如此，踏出舒適圈都莫名讓人覺得麻煩。

但是當我們擺脫這些糾結，遇見豁然開闊的全新風景，就有機會遇見那個你從來都不認識的自己，你也能自行選擇思考的框架，不論這框架是新還是舊。

當各位決定踏上這場冒險的旅途，編輯工學會是你絕對該裝備的各種道具或武器，反過來說，這些幫助你衝過旅途中各種危險的技巧，不過就是寫滿了一些訣竅的祕笈。當你對「世界的看法」產生一些動搖或改變，這些培養「能」（能力）的技法，便可激發潛藏「才」。

對「世界的看法」並非客觀的事實與知識，而是因為某些契機在你內心深處油然而生的世界全貌。

若真的想激發編輯力，就必須讓在背後支持著你的「地」不斷迅速改變，讓做為表徵的「圖」跟著不斷更新。一旦能在這種不斷地更新下釋放自己，你將不會再說「不過…」，而那些束縛著你的成見也將漸漸鬆開，潛藏的編輯力也將一次次受到激發，如此一來，你看待世界的方法將再次改變，你也將再次看見那屬於編輯的冒險。或許只有從這種催生全新自我的螺旋之中湧現的潛力，才是真正的「才能」。

我打算在本書的最後一章以「該如何觀察世界呢？」為主題，介紹我在這場「編輯旅程的冒險故事」。我想透過旅程之中的一些小衝突、戰鬥與發現，介紹編輯工學的另一個面向。

如果這個微不足道的嘗試，能在各位「看待世界的方法」掀起小小的漣漪，或許會讓大家體驗到某種「有點懷念，卻又極為新穎」的感受。如果各位能從這種感受的反差之中，見到自己與世界之間的「自由」，那麼這份自由肯定是各位的「編輯世界觀」的一塊拼圖。

立體透視模型與發球機

我們每天都在千絲萬縷的關係之中或喜或憂地過生活，每天都想抓住掠過眼前的一幕幕日常風景。

只要能駕馭讀書、工作、人際關係或與自己有關的事物，每天就能過得輕鬆愉快，若以打電動比喻，這連續的小挑戰也有挑戰的價值。如果遇到一些不順遂的事情，只要稍微努力一點應該就能解決。

我記得上述這種安逸的觀點，是在距今二十多年前，某個盛夏的午後遭到完全顛覆。我記得當時的我正拎著從超商買來的便當，等待京王線平交道的柵欄開啟。一時之間，我突然有種奇妙的感覺浮現，感覺自己成為立體透視模型的景色之一，正在某個小型的塑膠透明箱子之中，一臉若無其事地等待眼前的電車經過。表情如此的我，到底在這個透明箱子裡面做什麼呢？就算平交道的柵欄升起，就算抵達涼爽的辦公室，那又代表什麼？我整個人彷彿正從上空俯瞰著人在箱子之中的自己，同時間，那怎麼想也找不到答案的問題也像是從天而降的大石頭，砸在我的身上。

過了一段時間之後，那種奇妙的感覺總算如一陣煙般消失，但那種宛如置身於立體透視模型的臨場感，卻像是一根刺，深深地扎在我的內心深處。

那股隱隱作痛的疏離感慢慢地濃縮成「這世界真如我所想像的嗎？」這個疑問。

比方說，當時的我不管是看到晾在窗外的衣服，聽到遠處的鳥叫聲，吹撫著洗濯物的風，玻璃窗外的藍天，都覺得是同樣的景色，這些事物混在一起之後，流進我的感知之中，而體驗這一切的自己，也是難以從這片風景抽離的一塊拼圖。在我未曾一窺的風景之中，一樣有鳥兒在叫，某個人也正在聆聽鳥叫聲，而那個人與那隻鳥，也一樣是那片風景的一部分，而這樣的風景也無窮無盡地綿延下去。

在這個錯綜複雜的世界裡，我們到底該以什麼為對手？在度過忙碌的日常生活之後，又會有什麼等在前方？當我們開始思考這些問題，所見所聞都變得光怪陸離。就在我苦思答案到快要窒息之際，有篇文章如同閃電，落在我的面前，那是收錄於松岡正剛《遊學II》(原文書名『遊学II』，中公文庫，中央公論新社，二〇〇三年）的文章，摘錄如下：

許多東西就像是發球機投來的球，接二連三地向我們飛來，而站在原地的我們則眼睜睜地看著球飛向我們，但這些球的速度實在太快，快得我們來不及辨識它們，只能大致看出差異。只有在這些球的速度稍微慢下來的時候，我們才有機會替它們命名。

或許這就是我們面對「大自然」的立場。有些人將「大自然」視為這些球接二連三飛向我們的韻律，有些人卻會仔細分辨每顆飛來的球到底是什麼軌跡，再從中找出所謂的「大自然」。就算有人替這些球的軌跡分類，再將這些分類或模式視為「大自然」也不足為奇。不過，這種比喻其實大錯特錯，因為我們也是從對面飛來的事物之一，只是正在飛行的我們會把頭轉向旁邊，企圖觀察周遭的事物。換言之，我們不是站在發球機對面那個拿著球棒的人，而是被發球機投出的一顆球，而且還不斷地往前飛行。不斷飛行的我們正忙著左顧右盼，以及辨識飛在我們前方與後面的事物。更糟的是，我們甚至無從得知那台發球機的真面目。

——松岡正剛《遊學Ⅱ》中公文庫，中央公論新社，二〇〇三年

就在我讀得一頭霧水時，在午後時光乍現的那片立體透視模型光景突然又鮮活了起來。「難不成身處立體透視模式之中的自己，是站在發球機旁邊的自己？彷彿置身事外，俯瞰箱中一切，同時像顆被擲出的球，與平交道、電車一同飛行的也是自己嗎？這到底是怎麼一回事？」先行發作的是這股內心的騷動。

這篇文章的標題寫著〈以延長的抽象化為題——懷海德〉，我既不懂前面的名詞是什麼意思，也沒看過後面這個的人名，但發球機的影像就像是電影預告片一般，深深地烙印在我的腦海裡，我也在歷盡千辛萬苦之後，總算進入這位英國哲學家懷海德的世界裡。

如此複雜難解的世界

本書是從「資訊無法離群索居」這句話開始的。不管是哪種資訊都一定有「週邊花絮」，一切雖然零星分佈，卻又彼此相關，編輯則是處理各種關係的流程。與編輯工學相通且支撐這種世界觀的概念之一就是懷海德的宇宙論。

世界彷彿是由相互作用的流程與各種連續發生的事件所組成的有機網路，一切也彼此相關。懷海德（Alfred North Whitehead，一八六一——一九四七）這位哲學家則想原封不動地描繪這一切未經細分的事件，以及由這些事件編織而成的大自然。

懷海德的職涯是於劍橋大學研究數學做為開端，曾於一九一〇至一九一三年，與伯

特蘭羅索一同刊行了《數學原理》(*Principia Mathematica*,日文譯本『プリンキピア・マテマティカ序論』,哲学書房,一九八八年;日文譯本『数学の諸原理』一九一〇—一九一三),之後又一邊研究數學,一邊探討科學哲理。晚年則應哈佛大學之邀,擔任哲學系教授,並於此時寫成堪稱懷海德思想大全的《歷程與實在》(*Process and Reality*,一九二九;日文譯本『過程と実在』,Misuzu 書房,一九八一年)。

當年的我只能靠著前述「發球機電影預告片」的印象,緩慢地閱讀這本《歷程與實在》。雖然途中有好幾次想放棄,但最終還是繼續讀下去。不過,我實在不敢說自己「讀完」了這本書。在松岡先生的千夜千冊以及哲學家山本誠作(一九二九—)與中村昇(一九五八—)的導引下,我總算亦步亦趨地跟著他們的腳步,爬上這座名為「懷海德」的高山。

最令我意外的是,中村昇先生居然也是因為松岡先生才有機會遇見懷海德的學說。松岡先生曾於一九七〇年代後半,在工作坊舉辦「遊學星期六」課程之際介紹懷海德,中村昇先生也在在《懷海德的哲學》(暫譯,原書名『ホワイトヘットの哲学』日文譯本中村昇翻譯，講談社）的開頭栩栩如生地描述了當下的衝擊。

「當時的我雖然聽不大懂松岡先生在說什麼，卻已經感受到懷海德這位哲學家有多麼了不起，我也才因此得知懷海德這位哲學家的存在」，而在這段自白之後，又引用了前述的「發球機」文章，還對「專家也覺得難纏的對手」的部分附上「這段文章即使現在再讀一遍也依舊精彩。雖然只是簡短的幾句話，卻一語道破懷海德的哲學特徵」。

我是在千夜千冊（第一二六七夜）的介紹之下，才得知中村先生所著的《懷海德的哲學》，但書中提到松岡先生睽違三十年，再次於ＩＳＩＳ編輯學校課程「離」的「表沙汰」集會提到了發球機的比喻。「遊學星期六」這個課程舉辦時，我還只是個幼兒園學生，所以沒機會參加課程，但我多麼希望我能剛好參加這個「表沙汰」集會啊……。當我讀到這節內容時，我心中是多麼的苦澀、後悔與憧憬，而這股心情也讓我下定決心參加「離」這項遲遲不敢挑戰的課程。

自此，那有如立體透視模型的午後光景，以及那篇聲音宛如從遠方傳來的發球機文章，就像是莫比烏斯之環的無限循環，不斷地撼動著我對「世界的看法」。

懷海德的哲學是公認地艱澀，尤其這本《歷程與實在》在研究學者之間，也被認為是「罕見的艱澀」，沒有任何段落是讓讀者能順利降落的平地，對此，中村先生做出了下列的描述。

「只不過當我愈是精讀，愈發現這本書會如此艱澀，不是懷海德這位哲學家的錯。總括來說，不是懷海德的哲學難懂，而是這個世界難懂，大家最好見識一下這個世界、這個宇宙無與倫比的複雜，一定會覺得無從理解才對，但懷海德這位哲學家卻近乎憨直地想從正面描繪這個狀態。」

無獨有偶，松岡先生也提到「懷海德的哲學並不艱澀，而且只寫了極度重要的部分」（千夜千冊第九九五夜《歷程與實在》）。

我們身處的這個世界像顆找不到線頭的毛線球，既複雜又難解，而這位懷海德卻企圖以超越想像的解析度與縝密度描繪如此複雜的世界」。

Process & Reality：宛如有機體的哲學

懷海德心中的宇宙是一切互相作用，卻又轉瞬斷了關係的流體。這種被稱為「有機體的哲學」或「流程的哲學」的宇宙觀屬於企圖超越科學唯物論的想法之一。

懷海德主張所謂的「實在」(Reality)，就是在眼前不斷變遷的事件的「歷程」(process)，不管是人還是物，都時時處在「成為」(becoming)未來的自己的狀態之中，現在的自己稱為「存在」(being)的狀態，而這個狀態不過是「成為」這個狀態的一個面向。在這個過程中，完全包覆主語與述語的行為稱為「攝持」(prehension)，而這也是「當下」發生的「感受」(feeling)，也是與無數的事件產生互動之際，才得以動態形成的經驗。

懷海德將這種無時無刻發生，卻又獨一無二的事件稱為「實際的存在」(actual entity)，認為這是組成這個世界最基本的元素，在這元素背後則空無一物。

一如《方丈記》開頭這句「河水川流不息，且非原本之水」，萬事萬物看似不變，但從微觀來看，卻是不斷地出現與消失，時刻都在新陳代謝。

編輯工學選擇將編輯的能量灌輸在這種只能在「當下」見到的事物與靈感，以及只在交互作用之下產生的「感受」（feeling）。所謂編輯，可說是讓上述這些稍縱即逝的偶然化為必然，再透過這些必然尋找下次的偶然。

想一頭栽進這錯綜複雜的世界的是懷海德的「流程的思辨哲學」以及松岡正剛的「流程的編輯工學」。

懷海德提出的世界觀固然重要，但對學習編輯工學的人來說，懷海德提出的方法更是再熟悉不過了。

懷海德十分討厭那些在既有的體系或經驗論強加解釋的方法，他也在《歷程與實在》這本書的開頭以飛機比喻「發現的方法」：

真正的發現的方法與飛機的飛行很像，一開始都是先從各自觀察的大地出發，之後再運用想像力飛行名為普遍化的大氣圈。
最後，再為了能透過理性的解釋，讓觀察力變得更敏銳、更別具新意，而於原本的地方著陸。

——《歷程與實在》

這與在思考過程中套用的微型英雄傳說模型（分離↓成人禮↓回歸）有著異曲同工之妙。懷海德甚至對於這種類似飛行的發現方法做出「這種方法甚至可以玩弄矛盾」。

「觀察的大地↓想像力的翱翔↓理性的解釋」這三個階段讓人聯想到先前提到的「溯因推論」。發現性的思考不會在靜止的計畫之中啟動。如果在觀察的過程中，察覺「令人驚訝的事情」，就要必要建立假說，勇敢地跳入未知的領域。如果不敢奮力一跳，那些值得努力探索與再真實不過的發現就不會成真。懷海德的「發現的方法」與查爾斯・桑德斯・珀斯（Charles Sanders Santiago Peirce）的「探究式邏輯學」，可說是殊途同歸。

每當我得以一窺懷海德的思想，就不禁想起「資訊無法離群索居」這句話，也不禁想起藏在這句話背後的廣大的宇宙網絡。「無法離群索居」不是「我」也不是「你」，而是先於我們的「資訊」。我們的世界是在充滿互動的關係網之中形成，每個「實際的存在」（actual entity）也於這個世界存在，這張互動關係網就像是一條極大的包袱巾，溫柔地包覆著這個世界，而這份難以言喻的溫柔正是我所窺見的懷海德的宇宙。

物件的恰恰舞

事後回想起來，在接受前述的「預告片」衝擊之後，懷海德的思想會就此進入我的心中也是其來有自。

早在我還未接觸編輯工學之前，我曾有段拚命學習「物件導向程式設計」（Object-Oriented Programming，OOP）的時期。

記得那時在出版教育相關書籍的出版社擔任編輯一職，但在因緣際會之下，我居然成為開發線上學習系統的工程師，也在那時候通盤學習了物件導向語言的Java。從集中學習到實際參與專案、建置系統的這段時期，我的生活只有 Java 與物件導向這兩件事。不管是在自動販賣機買飲料，還是坐在車裡等紅綠燈，我都以「物件的交互作用」這種邏輯觀察眼前的一切事物，那還真是有點奇特的時期。

現在回想起來，當時於內心深植的「物件導向觀念」成了日後承接懷海德思想的基本鑄模。

所謂的物件導向觀念是將物件比擬為現實世界的各種物品，而整個系統則是由這些物件組成，這些物件擁有所謂的「東西」與「事件」，也就是擁有「屬性」（property）與方法（method），只要接收到來自外部的訊息，這些物件就會在內部處理這些訊息再輸出結果。將程式寫成這些物件透過彼此的「處理過程」進行互動，就是物件導向程式設計的基本原理。

傳統的程序式語言是身為主體的程式設計師命令電腦執行程式的程式設計語言，但物件導向程式設計則是以物件為主體，將物件的互動方式寫成程式的概念。

據說當時的工程師一時之間無法接受這種「物件彼此對話」的概念，但我打從一開始就很難接受程序式語言的程式設計概念，所以就算許多人異口同聲地說「物件導向很難」，但我只有「物件導向哪裡難？」的感想，完全不懂物件導向的困難之處，所以也不需要將從程序式語言的邏輯切換成物件導向語言的邏輯。

有趣的是，當我從「物件彼此對話」或「物件的處理過程」聯想到小時候常哼的「玩具的恰恰恰」時，心裡突然有種莫名的雀躍感。

「玩具的恰恰恰」的歌詞提到玩具會趁著主人睡覺的時候玩遊戲與跳舞，這對小孩子來說，簡直就是夢中的平行世界。皮克斯動畫工作室曾將這個平行世界拍成「玩具總動員」這部電影，但我小時候真的覺得這些玩具肯定會在我睡覺的時候玩得不亦樂乎，而且很多事情都在我看不見的地方發生。到現在我都還記得，當時的我是以「玩具的恰恰恰」這首歌的概念走進物件導向程式設計的世界。

物件導向程式設計有許多模仿現實世界的物體之間潛在關係的性質。最常見的就是「繼承」、「封裝」與「多型」這「物件導向的三原則」。光看字眼或許會覺得很難懂，但這些都是只要知道內容就會「恍然大悟」的概念，從編輯工學的觀點來看，這三者也是能掌握大量暗示資訊的模型。

所謂的「繼承」是借用高度抽象事物的特徵，藉此只需撰寫個別實體所需資訊的方法。繼承來源稱為「父類別」（Super Class），繼承者稱為「子類別」（Sub Class）（順帶一提，這個「類別」是物件的設計圖）。比方說，想讓「莉香人偶」在這個世界出現時，若借用「換裝人偶」這個抽象概念，就不用需要另外打造「洋服或鞋子」，也不需要在莉香人偶植入「換裝功能」，只需要替這個「莉香人偶」撰寫必要的特徵（例如名字、長相或是家族成員這類資訊）。之後也可利用相同的方式繼承「換裝人偶」這個父類別，打造「芭比人偶」這個字類別。

「繼承」特徵可簡化保有重要元素的步驟，還可以增加輸出的版本。把這種繼承關係想成延用店名，另開分店的制度或是家元制度（掌門人制度）這類繼承文化或技術的模型，就不難明白這種繼承模式有多麼合理了。

自古以來，日本也有「本歌取」這種在自己的短歌引用先賢的短歌（本歌）的創作方式，而這種創作方式也是借用所有人共有的認知，藉此以簡單的幾句歌詞創造更多意境的方法。

封裝則是將注意力從整體移到需要建立溝通的部分，只開啟這個部分的方法。將分割之後的步驟放進個別的小箱子裡，即可對使用這些小箱子的程式進行「公開／私人」的設定。如此一來，就能避免別人搞混，自己與別人也能安全地使用這些小箱子。

使用者就算不知道電線如此配置，電流如何流動，只需要操作開關，就能讓電燈打開或關閉。如果線路或電流的流動方式全攤在使用者面前，使用者每次開關電燈的時候，都必須思考操作方式，還有可能會因此發生觸電或故障這類意外。

也就是說，隱藏部分資訊可保護自己與他人，也能讓物件之間的互動不再受到限制。我們的認知或擁有的資訊也同樣是透過「暗示」進行封裝，所以人與人之的溝通才會那麼流暢，想像力才得以激發。「類比思考」或「比擬」都是借用其他模型封裝繁雜的資訊，再將這些資訊傳遞給對方，激發對方想像力的方法，也是在限制資訊揭露程度的情況下，讓自己與對方獲得更多想像空間，「體貼」彼此的方法。

「多型」的英文是「polymorphism」，是由「poly」這個在希臘語之中代表「多數」的詞彙與意思為「形狀」的（morphe）所組成，因此中文就直接譯成 多型」。

意思是，就算是相同的功能，呼叫這項功能的物件仍可改變這項功能的執行方式。反過來說，就是物件要怎麼進行處理，完全交由物件決定。

比方說，「猜拳」有一定要出「剪刀、石頭、布」其中一種的規則，但要出哪一種，全交由猜拳的人決定。換言之，這是透過「型」保有資訊多元性的構造。

若從這點來看，茶道、花道、武道的「型」也具有相同的性質。只要能共享抽象化的「型」（類別），就能在不損及本質的美麗與合理性之下，欣賞各種茶道、花道與武道的呈現手法。

所謂的物件導向程式設計就是透過「繼承」的概念活用「相似之處」，再利用「多型」的概念保留「相異之處」，並且透過「封裝」這項手法原封不動地呈現「相似與相異之處並存之際的複雜性」，最後再透過物件的相互關係呈現這個世界的手法。

物件導向 × 花鳥風月的科學

該怎麼做才能讓物件之間產生最協調的互動呢？到底該打造何種繼承關係，又該隱藏哪些訊息，以及該嵌入何種處理上的多元性呢？若能拿捏這些部分之間的平衡，就能在揮舞名為「執行」的魔杖之際，讓程式的效能大幅提升。還記得當時像是在打造手中的小宇宙般有趣，整天浸淫在物件導向與 Java 程式設計的世界裡。

當利用 Java 建構的多種服務發佈，我也總算得以喘口氣休息一下。某天我去圖書館閒晃時，視線不自覺地停留在松岡正剛的《花鳥風月的科學》（暫譯，原書名『花鳥風月の科学』中公文庫，中央公論新社，二〇〇四年）這本書。「花鳥風月的科學到底是什麼啊？」在這股單純的好奇心驅使之下，我決定把這本書借回家。沒想到一讀，便有種體驗未知事物的感動，這也讓我一口氣讀完整本書。

其實書中的內容不是很容易理解，若問我第一次讀的時候讀懂了多少，我只能說讀了個大概，但在閱讀的過程中，一直都有種肅然起敬的感覺，我也帶著這種感覺，遊戲於章節或段落之間。

在閱讀的過程中，那份玩心不斷地湧現，我也見到了截然不同的風景。對當時的我而言，不管是章節還是內容的編排，或是透過文字進行暗喻，進而激發想像力的手法，都是無與倫比的「物件導向模型」。

這本書總共由「山、道、神、風、鳥、花、佛、時、夢、月」這十章組成，每一章都有專屬的主題，例如「第一章 山」的主題是「山之國／須彌山這個母型／模型的山／朝山之人／眺望山的方法／山中王國／淨土之山」。

做為每章標題的單個漢字（例如「山」）就是所謂的「父類別」，而底下的每個主題則是繼承父類別意象的「子類別」（例如「山之國」）。後續則衍生出多個實體，而這些實體又透過彼此的互動呈現不同的樣。書中有許多內容都被封裝，還會隨著讀者的想像呈現不同的樣貌，就像是從不同的角度觀賞，色澤也會隨之改變的玉蟲色（金綠色）。參照這些內容的文字也會隨著讀者對這些內容的想像而產生不同的意義。由這些文章的多型交織而成的斑斕景色既彼此相連又互相融合，致使讀者在讀完一章之後，下一章的父類別又開創另一個全新的世界。

在我花了一整天邊讀、邊自我解釋這本書之後，我渾身充滿了「這本書像是一套超強系統」的興奮感，也因此翻回封面，仔細端詳印在封面上的作者姓名。

「松岡正剛……？他是個什麼樣的人呢？」

這就是我與編輯工學的邂逅，時值二〇〇四年春天。

從那之後，我便拜入ＩＳＩＳ編輯學校門下，以及大量閱讀松岡正剛的書，也在那時候讀到了以發球機為例的《遊學》。還記得我是抱著敬畏之心踏入懷海德的世界，而當我與「物件導向×花鳥風月的科學」相遇之後，也從中學到那種既新穎又懷舊的世界觀，而這個世界觀與懷海德的世界也有許多不謀而合之處。

這世界充斥著物件之間的對話以及各種行為，整個世界也是由物件的互動組成，這些物件也未受任何主體驅動。懷海德、物件導向、花鳥風月的科學、編輯工學都是以這個意象為主軸的學問。我無法精確地描繪層次如此深奧的意象，但這個意象的確引領著我前進，支持著我每天的活動。

「物體的宇宙」與懷海德的覺醒

我最近有幸讀了本史蒂芬・夏維羅（Steven Shaviro）所寫的《諸物宇宙：思辨實在論》（暫譯，原書名 *The Universe of Things: On Speculative Realism*，日文譯本『モノたちの宇宙：思弁的実在論とは何か』，河出書房新社，二〇一六年），而這本書可說是完整濃縮了前述難以一語道盡的意象。

才翻開這本書的扉頁，就看到「序章 懷海德與思辨實在論」斗大的標題，還以「本書是一本試著重新審思懷海德哲學的書」為開場白。

由松岡先生與中村先生設立的懷海德戰線，如此依舊像這樣閃爍著光芒。興奮之餘，我想起了以下這段出自中村先生所著的《懷海德的哲學》的文章：

差不多從前世紀準備結束之際，我不管遇到什麼事情都會加上一句「二十一世紀將是懷海德的世界」這個註解，因為懷海德的哲學是奠定新典範所需的基礎與思維。不論身邊的人露出多麼不可置信的表情，我也敢如此斷定。不過，現在已是二〇〇七年，卻還沒有半點跡象或徵兆，絲毫聽不見懷海德走到身邊的腳步聲。這還真糟。看來我在這二十一世紀肯定要被扣上『騙子』這頂大帽子了。既然如此，我不能坐等二十一世紀成為「懷海德的世紀」，而是要主動出擊，將二十一世紀變成「懷海德的世紀」了。

在那之後的十年，「思辨實在論」蔚為風潮，懷海德的腳步聲也隨之響起，不知道中村先生對於這個現象有什麼感想呢？有機會的話，想請教他這個問題，順便請教他「遊學星期六」的松岡先生是何種模樣。我一邊想著這些事，一邊讀完了《諸物宇宙：思辨實在論》這本書。

夏維羅的這本書成為懷海德的「有機體的哲學」與新哲學之間的橋梁，也對「人類中心主義」這個貴為西洋近代合理性核心的思想提出疑問，而且也試著以現代的角度重新解讀懷海德的哲學，藉此反省環繞在我們身邊的各種問題。

簡單來說，夏維羅認為是時候將「人類的認知」視為尋常之物了，因為「沒有我們的世界」(the world without us）就在眼前。

詹姆斯・吉布森（James Gibson）向「一切都是人類的認為以及大腦形塑的觀點」大聲說「不」，也提倡了「環境賦使」這項概念，而這項概念也與夏維羅的主張不謀而合（→P.107）。

今後將是充滿生態危機的時代，人類也將被迫重新思考自己與萬物之間密不可分的命運，因此前述的提問絕對是這樣的時代迫切所需的，即使是受到科學實驗或各種發現照拂的人類中心主義也將逐漸勢微。

——《諸物宇宙：思辨實在論》

此外，夏維羅說道：

> 所以我才說我們無法將那些在這個無邊無垠的宇宙裡發生的各種過程，與自己的利益或經濟切割。

在這個地球上發生的各種問題早已環環相扣，此時若是再將人類視為特殊的主體，恐怕已不合時宜。夏維羅提到，早在一個世紀之前，懷海德就已看穿這件事。

此外，夏維羅還引用了「存在是於生成的過程之中形成」這句懷海德的話，提出「不論是主體還是客體，在生成的過程中都是平等的，也是共享這個世界的居民」這種宇宙觀。

松岡正剛曾提到「只有方法才是內容」，也曾提而「二十一世紀將是方法的時代」。其中的方法是指人類與物體共同「擁抱」某種「感覺」（feeling），人類與物體在這張名為相關性的網子之中都是主體，不管是桌子、風、木頭還是其他物體，都在這張網子之中漂浮。

該書介紹的「思辨實在論」也有「物件導向存在論」這個立場。沒想到物件導向這個概念會在重新解讀懷海德的哲學之際成為存在論的哲學。

《四方客體：物件導向存在論入門》（暫譯，原書名『四方対象：オブジェクト指向存在論入門』，人文書院，二〇一七年）的作者格蘭・哈曼（Graham Harman，一九六八—）已經開始試著將世間萬物視為「客體」（object），他認為人類、鳥、鑽石、中子、軍隊、怪獸、四角圓的共通之處在於「都與客體具有關聯性」，而且是以「客體都是彼此的客體」為前提。

哈曼認為非人類客體之間的因果關係與人類認知的客體之間的因果關係相同。比方說，眼前有棉花與火焰，此時不僅產生了「人類與棉花」或「人類與火焰」的相互關係，也產生了「棉花與火焰」的相互關係。這聽起來有些複雜難懂，但是若從其他的角度來看，這不管是在人類主導的世界擔任配角的「客體」成為哲學思考主體的觀點，人類的主觀也只是客體之一。

哈曼也在這本書如下介紹懷海德：

若問誰是哲學界近年來超凡的例外，或是最偉大的反哥白尼主義者，那肯定非懷海德莫屬。這位絕對不容忽視的思想家將人類與非人類的存在全部攝持（prehension），而且只要是以任何形式與這些存在建立關係，就平等看待這些存在，也藉此摒除康德式的成見。

——《四方客體：物件導向存在論入門》

認為「即使是在我們沒看到的地方，這世界仍充斥著無數個『客體』（object）」的「物件導向哲學」就在懷海德的宇宙觀的支持下逐漸發展。

想像力串連的世界

不管是桌上的馬克杯、吹動窗簾的微風、你手上的這本書，還是正在讀這本書你，都是在這個世界的裂縫之中浮遊的物體，也是這個世界的一部分。有機會的話，大家不妨借用懷海德、夏維羅、哈曼的觀點，重新以上述的角度審視世界。

或許我們太過自以為是，總覺得自己是能控制一切的主體，也總是讓「自己」與世界切割，每天汲汲營營地擬定計畫、尋求正確解答與達成各種任務。這一切雖然是無可取代的日常生活，但有時候試著以柔韌的想像力，從遠處眺望這樣的自己，不也是繼續在這個世界生活下去的應有禮儀嗎？

如今這個世界已透過網路串連，大量的生活歷程也被封存，人類也因為這些科技而擁有前所未見的知性與理性。另一方面，經年累月形成的地球環境卻處處出現變異，生態環境也正以迅雷不及掩耳的速度改變。人類的世界是於這些環境之上建構，而與世界切割的人們卻為了明日的安泰而在這個世界互鬥，一步步讓自己從那互相串連的原始構造抽離。

這世界並不單純，無法只憑人類的主觀解讀，而當我們的想像力枯竭，無法再解讀那些超越常識或認知的事物，將慢慢地不知「明日的安泰」為何物。每當我想到在這個地球上發生的各種危機，就覺得懷海德於一百年前提出的宇宙觀正明明白白地對我們發出重要的訊息。

我們的編輯力不一定是封存於個人的能力，一如本書之前所介紹的，編輯力源自我們與世界的互動，而且就連那些我們未曾一窺的地方，也有編輯的痕跡。當我們邊走邊思考的時候，身邊的植物正在進行光合作用這種編輯活動，熙來攘往的人潮也正在編輯街道的流向。我們腳邊的螞蟻、蚯蚓或細菌也正在進行生命活動這種編輯，組成人體的細胞或臟器也在這個瞬間編輯體內的各種資訊。這個世界充斥著這類編輯力，這些編輯力也時時刻刻創造各種意義，而我們可利用想像力揉合這些意義，藉此編輯出全新的意義。

英國小說家巴拉德（JG Ballard，一九三〇—二〇〇九）曾說：「想像力是人類僅存的最終資源」。

人類雖然如此渺小，但是想像力卻能涵蓋整個宇宙。這段以「該如何觀察世界？」為主題的編輯冒險旅程，或許是從發現這個看似渺小，卻無遠弗屆的編輯力，以及擁有這種編輯力的自己開始。

編輯工學能讓每個人擁有如此廣大的想像力，也是促成交流的觸媒，更是徹底激發人類僅存資源的「能」，讓我們能一刀劃開猶如千絲萬縷般交纏的世界，找到參與這個世界的切入點。

結語

這一、兩年，有不少人希望編輯工學研究所的活動能付梓成書。松岡正剛所著的《知的編輯工學》（暫譯，原書名『知の編集工学』）是於一九九六年成書。自那之後的四分之一個世紀，整個世界大為變貌，編輯工學也隨著時代有了新的樣貌。

奉「向生命學習，讓歷史舒展、與文化玩耍」為圭臬的編輯工學的世界觀以及「編輯」這種觀點與方法在這個混沌的時代愈來愈被看重，我也從日常生活之中深切地感受到這點，所以出版本書的企畫也在這樣的背景之下啟動。

自進入編輯工學研究所服務已滿十年，而這十年來，我一直都覺得我對松岡正剛與前人的智慧揭示的世界觀，以及編輯工學這項方法，只有極為粗淺的認識，所以對我來說，把「編輯工學的現狀」整理成一本書，就像打算抓住天邊的浮雲，是一次明知不可為而為的嘗試。單憑我一個人的理解、經驗與編輯力，是不可能將客觀的知識與技巧整理成一套體系的。到底該寫什麼，才能將編輯工學寫成一本書呢？就在這自問自答之中，松岡先生給我「請寫下自己的發現」這個建議，這讓我想起「編輯」並非知識，而是「體驗」這回事。看來之前的我陷入了「排斥『自己』被考驗」的窠臼之中。

當我回顧一路走來的自己，反問自己「透過編輯工學發現了什麼，相信了什麼，又被什麼觸動之後」，便下定決心，從當下的立足點俯瞰編輯工學的一切，也總算開始撰寫本書。做為執筆核心概念的是，與人類的「想像力」相關的數個概念，我也時刻將下列的三大盼望放在心中。

第一個想望是「想讓想像力得到解放」。每個人都擁有豐沛的「想像力」，「想像力」也不是專屬某個人的特殊才能，所以問題不在於「有」或「沒有」，而是能不能透過意志力「釋放」想像力。

另一方面，「想像」之中有著自己過往的起源與變遷。當我們與這個世界傳承至今的「想像的歷史」，以及潛藏於內心的「想像之力」相遇，我們的想像力將一口氣釋放。於「前言」提及的「啐啄同時」也常於這類想像的過程之中發生。

什麼啊，這就是我們苦苦尋找的青鳥嗎？我們走到了好遠的地方，回過頭來，才發現青鳥就在這裡。

——莫里斯・梅特林克（Maurice Maeterlinck，一八六二—一九四九）《青鳥》（*L'Oiseau Bleu*）

青鳥之後便拍拍翅膀，從哥哥奈爾與妹妹米笛兒的身邊飛走。我們好不容易找到的想像力也不會總是靜靜地待在原地。當想像力得到釋放，其振翅高飛的聲音之中，一定有值得我們追尋的東西。

第二個是「想像力不會枯竭」。想像力是驅動一切的原動力，也是可恣意揮霍的資源，而且不會產生不必要的成本，也不用擔心會出現傷害地球的副作用。假設發生了什麼問題，至今習以為常的概念、制度或系統會如同灰姑娘的南瓜馬車般，急忙趕到完全釋放的想像力身邊。如果覺得這南瓜馬車很多事，可以換搭其他馬車，或是乾脆下車步行，試著改變目的地就好。

第五章曾介紹「想像力是人類僅存的最終資源」這句巴拉德（JG Ballard）的名言，而這句名言似乎是巴拉德在某場與松岡先生對話之際所說的話。那是一九八〇年，在時值隆冬的倫敦發生的事。

> 在倫敦的採訪即將進入尾聲之際，巴拉德突然說了這句令我永生難忘的話。「松岡先生，你覺得這個地球上，碩果僅存的資源會是什麼？我覺得是想像力啊，這個地球只剩下想像力這項資源。
>
> ——千夜千冊第八十夜，巴拉德《時之聲》(*The Voices of Time and Other Stories*)

我們應該為了什麼釋放人類最後的資源呢？

第三個是見到「想像力串連希望」的光景。在介紹溯因推論的時候，曾提到「架構完美的假說往往能在我們心中掀起一波波驚豔的漣漪」(→ P.89)，優質的想像將是誘發下一波想像的契機，而當想像一波又一波地興起，我們就能一步步超越拖住我們腳步的制度、制約與限制。我們的社會看似有許多規範，但是在這些規範誕生以前，人類一直都是在彼此影響的狀態下生活。奧地利哲學家伊萬・伊利奇（Ivan Illich，一九二六—二〇〇二）曾將這種狀態稱為「友善互動的社會」（convivial）。伊利奇口中的「友善互動」（conviviality）是指「積極共生」、「自立共生」的意思，而這樣的社會則是人類不受制度或道具所限，而是反過來駕馭制度與道具，藉此締造緊密的互動關係。我認為帶領我們找到希望的想像力可幫助我們打造這種「友善互動的社會」，而不是幫助我們面對未知的解決方案。

> 未來去吃屎吧，未來可是啃食人類的邪神啊。制度裡面有未來，但人類沒有未來，有的只是希望而已。
>
> ——伊萬・伊利奇《生存的希望：伊萬・伊利奇的遺言》（*The Rivers North of the Future: The Testament of Ivan Illich*）藤原書店，二〇〇六年

本書的書名之所以是《編輯工學》，是因為對這種「想像力」有一定的信心。棲息在每個人體內的「才」並非靜止的個人屬性，而是隨時有可能爆發的「想像力」。誘發這股想像力的「能」則是自由地串連自己的內側與外側的編輯力。所謂的「才能」應該可解釋成「能隨時誘發想像力的力量」，當這股力量在每個人心中覺醒，人類與資源將更為豐富，所以才希望透過本書幫助每個人將編輯工學當成抽象的道具、裝備與技術，讓這股力量得

以覺醒。

執筆之際，我數次從書櫃抽出過期雜誌《遊》瀏覽，一邊遙想當時的編輯對這本雜誌是多麼投入、狂熱還有興奮，一邊想像編輯工學誕生之前的每一天。話說回來，我一直對那時松岡先生所寫的「行星的鄉愁」與「宇宙的禮節」這兩句話非常傾心。那股在胸中遊走的騷動是行星的鄉愁，停不下來的憧憬則是宇宙的禮節。大家最好不要以為自己只有自己一人份的內心、感性與才能。現在所寫的這句話、自己的生命或是剛剛迸發的靈感都不是源自「自己」，而是由宇宙形成之後，穿越各種時空而來的各種意義編織而成的，然而編輯工學則是能以高解析度控制這些事物的介面，而且這個介面還擁有極度方便的操作方式，再沒有比透過這個介面眺望的世界更加美麗的了。

在此要向各位讀者坦白的是，我在撰寫本書的時候，暗自許下了「希望能向『行星的鄉愁』與『宇宙的禮節』這兩句話致敬」的心願。

此外，有件屬於個人感想的事，那就是當時若沒有與《花鳥風月的科學》這本書巧遇，若沒有試著推開ＩＳＩＳ編輯學校的大門，若沒有與松岡先生的編輯工學相遇，我肯定還在某個進退維谷的僵局之中苦苦掙扎。我在寫這本書的時候，屢屢想到這裡就不寒而慄。我對「松岡正剛」所創的傳奇雜誌《遊》以及各種豐富偉業，還有「猶如老大的松岡先生」真的是有說不盡的感激之情。

如果沒有在編輯工學研究所從事各種活動，沒有累積足夠的經驗，本書就沒機會寫成。也在此感謝於無數個工作現場發揮想像力，個性也十分鮮明的同事，以及各有工作，卻仍然站在第一線，持續支持編輯工學的ＩＳＩＳ編輯學校師資群。

此外，還要感謝的是一口答應做為編輯工學研究所活動實例介紹的理化學研究所與瑞可利公司，感謝大家百忙之中，還願意幫忙確認介紹的內容是否正確。在此還要感謝相信編輯工學研究所，將重要的工作現場交在編輯工學研究所手中的公司與夥伴，由於版面有限，請容我在此統一致上謝意。

在此還要感謝擔任本書編輯的株式會社 Discover 21 的堀部直人，感謝他總是以冷靜的觀點與溫柔的陪伴，幫助我撐過寫書寫得七葷八素的這半年。感謝寄藤文平透過令人嚮往的插圖與設計點綴本書。能得到堀部先生與寄藤先生的幫助，對編輯工學與本書而言，是何等幸運的事，請容我再次感謝兩位。

感謝大家讀到最後，如果這本小書能讓大家的才能開花結果，那真是再開心不過的事了，希望有一天能與大家見面，一起聊聊有關潛能開發的趣事。

二〇二〇年七月　安藤昭子

解說　醞釀想像力的猛烈撞擊

文／盧郁佳

創意來自無意識的攪拌：將乍看毫不相關的事攪在一起，卻讓人因此看出驚異的真相。

出於防衛，人們會對明顯事實視而不見，受意識所蒙蔽。

好比讀大學的姐妹淘上網傾訴：在交友軟體上結識好男人，彼此有心從交朋友做起，一個月來每晚熱聊好幾個小時。

她交談間自慚不是長髮豔女，他總好心鼓勵她要有自信，不妨給自己半年時間留長頭髮慢慢變成他喜歡的外貌，她感激萬分。

初次約會也相談甚歡，為什麼回家後她就被封鎖。她不明白到底作錯什麼得罪了他。她說，見面時他也不時肢體碰觸，但都是朋友那種友好的接觸，不帶曖昧。

因為他說過一聊不來就會封鎖對方，所以她也開玩笑問他，會不會回去就封鎖她，他笑說怎麼會呢，還說再找她吃飯。這次他還要見其他朋友，時間較短沒空多聊。

而旁觀者都看出，他碰觸就是試探她當晚是否可能上床。她沒回應，忙著向自己澄清「千萬別自作多情、舉止失態、丟人現眼，他只當我是朋友」，沒空反應。

她問他會不會封鎖她，是因為看出他得不到性回應就興致缺缺，一副想結束的樣子。她怕被封鎖才問他，又怕自己問得唐突，仍忙著向自己澄清：「我只是開玩笑問問，別當真。」聽到他否認，就鬆了口氣。

她滿腦子想的都是「怎樣做才不會被他討厭」，忽略旁人一眼看出的事實：男人來找她打砲，看沒機會立刻去找砲友。因為她渴望像他這樣一個親切熱誠的暖男逐步走進她的生命交往戀愛，因此排除一切不符的人設。她什麼都看到了，也什麼都沒看到。大腦阻止她把自己描述的細節連起來產生意義。

要如何打破障壁？作家維吉尼亞・吳爾芙（Virginia Woolf，一八八二—一九四一）說：「小說家最主要的欲望，就是儘可能地無意識。」「就不會有任何事來打擾或打斷神祕的打探、四處感受、那非常害羞而不實際的精神，也就是想像力的暴衝猛撞及突然的發現。」

「像漁夫坐在很深的湖邊，拿著釣竿，完全沉浸在自己的夢裡。她放任自己的想像橫掃世界每一個角落縫隙，那個世界潛藏在我們無意識存在的深處。」

「她的想像力飛奔而逝，它找尋了最大的魚所蟄伏的池塘、深處和黑暗的地方。然後一個撞擊，一個爆炸。出現了泡沫和混亂。想像力很用力地撞上一個堅硬的東西。女孩從夢裡驚起。她的確處在一種極其激烈難受的痛苦狀態之中。」

她說發現是非常害羞的。即使它曾在見網友時曝現，卻一閃而逝。因為它令她痛苦、幻滅。而旁觀者也各有盲區。

企劃、創意打動人心，絕不是因為開了個可愛的玩笑，而是迂迴道出了無法直視的真相。

本書《編輯工學》作者安藤昭子，師從文化研究者松岡正剛的ＩＳＩＳ編輯學校，本書便是介紹課程理念。

松岡正剛曾任東京大學客座教授、帝塚山學院教授，攝取知識狂暴貪婪，詩、小說、符號學、量子力學、媒體理論、動物哲學、人類學、後現代主義、金融、貨幣、經濟無所不包，寫書都是大跨度文化史：《山水思想：「負」的想像力》討論中國水墨畫傳到日本，日本畫如何從中發展出特色。

《歷史與現實：松岡正剛的思辨課》以近現代史的視野，觀察區域各國勢力消長，找出日本的定位。他網站連載的讀書筆記《千夜千冊》結集成「世界名作選集」系列《故事的盒子》、《方法文學》，以書評寫文學史，仍然是分期文化史。

書中他用主題來分章，從《紅字》、《白鯨記》、《惡之華》、《碧廬冤孽》、《黑暗之心》看到文明背後的黑暗。談存在主義，他說《城堡》、《都柏林人》、《月亮和六便士》、《印度之旅》、《戴樂維夫人》「描繪不在場而不是存在，無意識而不是意識，補償而不是愛，頓悟而不是真實」。在《編輯工學》中，他自創「mimelogia」一詞涵蓋類推、模仿、戲謔，讓學員按照「漱石的草鞋，鷗外的木屐」練習寫出「Toyota 的漱石，Mazda 的鷗外」等文案。

松岡正剛把《印度之旅》的不在場、《戴樂維夫人》的無意識等主題，加上傳統對蹠點「在場」、「意識」，顯示其相對位置，寫出了「mimelogia」遊戲的文案。安藤昭子分析了松岡正剛敏銳活躍的嗅覺，讓學員複製還原。

松岡正剛像亞斯伯格症者熱愛背誦鐵路站名，他寫書評就是清單：書單、社會事件年表、名人錄，用每個名字織出他所欲表達的文化現象。他打破分類，不加闡述，把異色經典《裸體午餐》與村田沙耶香（Murata Sayaka）食人小說《生命式》相提並論，令讀者驚訝，回神才發現有跡可循。原來這是資料癖者彙整海量資訊後設法組織出意義，編輯的手法。

《編輯工學》書中，安藤昭子舉出反思自己注意力的濾網、聯想、同義詞、類比、軸、三點思考、原型聯想、換句話說、隱藏與揭曉、英雄之旅等打破既有框架的手法，就是在資訊之海——吳爾芙所說的大魚池塘中，與潛意識協商的工具。

本書若貪快一口氣讀完，就是留糟粕、棄精華。因為它是一套工作坊實作，容不得快馬加鞭。與無意識對奕，需要遊戲的散漫。

本文作者為基隆人。曾任《自由時報》主編、台北之音電台主持人、《Premiere首映》雜誌總編輯、《明日報》主編、《蘋果日報》主編、金石堂書店行銷總監，現全職寫作。曾獲《聯合報》等文學獎，著有長篇小說《愛比死更冷》；圖文書《帽田雪人》；散文《吃喝玩樂最善良》，亦參與《字母會I無人稱》小說創作。

譯名對照（按筆劃順序排列，頁碼為首次出現在本書的位置）

書刊雜誌名、史詩名

專有名詞

人名、角色名

圖表索引

國家圖書館出版品預行編目 (CIP) 資料

向編輯學思考:激發自我才能、學習用新角度看世界，
精準企畫的 10 種武器 / 安藤昭子著 ; 許郁文譯 .
-- 初版 . -- 臺北市 : 經濟新潮社出版 : 英屬蓋曼群島
商家庭傳媒股份有限公司城邦分公司發行 , 2022.05
面 ;　公分 . -- (自由學習 ; 37)

譯自：才能をひらく編集工学：世界の見方を変える
10 の思考法

ISBN 978-626-95747-4-2（平裝）

1.CST: 思考 2.CST: 思維方法

176.4　　111003357